MANUAL BÁSICO
PARA UN MONTAÑISMO SANO Y SEGURO

Dr. Kepa Lizarraga

© Pedro Miguel Lizarraga Sainz

© Edición: Diputación Foral de Bizkaia
 Departamento de Euskera, Cultura y Deporte

© Fotografías, gráficos, imágenes y cuadros del autor, excepto: Foto 13: Amaia Larruzea. Imagen 25: EMF-FVM. Fotos 32, 143, 167 y 194: Santiago Yaniz. Foto 55: Lur Uribarren. Foto 57: Félix Criado. Fotos 59 y 69: EJ-GV. Foto 65: Garmin. Foto 66: Mikel Lizarraga. Foto 78: Javier Fernández Villar. Foto 81, 176, 177 y 199: Izaskun Elejaga. Fotos 97, 131 y 138: Travesía Regil. Foto 105: Kepa Escudero. Foto 110: Pedro Palacio. Foto 124: Estitxu Iriondo. Fotos 187 y 190: Fede Durán.

Diseño y maquetación: Álex Oviedo

Impresión: Garcinuño

ISBN 978-84-7752-760-2

LG   BI 740-2025

Primera edición: Junio 2025

MANUAL BÁSICO
PARA UN MONTAÑISMO SANO Y SEGURO

Dr. Kepa Lizarraga

Bizkaia
foru aldundia
diputación foral

Agradecimientos

Cada página de este libro contiene agradecimientos, cariño y recuerdos. Algunos, de personas que ya no nos acompañan, pero que me enseñaron a ser montañero.

Tengo los mismos sentimientos hacia quienes habéis compartido conmigo vivencias y aportado vuestra experiencia y conocimiento.

Gracias, Diego Dulanto, Médico anestesista experto en espeleosocorro, Pablo Izaguirre, Jefe de la Unidad de Vigilancia y Rescate en Montaña de la Ertzaintza, Gaizka Etxabe, Responsable de Intervención de la DAEM, Alberto Cardoso, Vocal de Seguridad de la BMF-FVM, Zuriñe Foronda e Izaskun Agirre, Médicas de la EMF y de la BMF, por revisar y mejorar los textos.

Gracias, Ángel Toña, editor, por tu orientación y consejo, y también a ti, Santiago Yaniz, Periodista y fotógrafo de montaña, por tu ayuda generosa en todo el proceso.

Gracias, Federaciones Bizkaina y Vasca de Montañismo, con las que he "caminado" más de 40 años, y Ganguren Mendi Taldea. Club con el que di mis primeros pasos en la montaña.

Gracias, colegas del grupo de Responsables de Salud de la FEDME, de la Asesoría Médica y del Comité de Seguridad de la EMF-FVM. Por vuestras enriquecedoras aportaciones.

Y muchas gracias, Izaskun, Izar, Estitxu y Mikel, por soportar todas las horas robadas.

No sería justo si dejara de citar a la Diputación Foral de Bizkaia – Bizkaiko Foru Aldundia, entidad en la que finalicé 35 años de labor profesional como Médico del Deporte.

Mi gratitud a su Unidad de Publicaciones por acoger esta obra.

Índice

Introducción

Foto 1: Naturaleza en la mano.

Estar en contacto con la naturaleza es necesario para la salud, desde un punto de vista holístico, porque es nuestro hogar.

Como especie surgimos y hemos evolucionado en íntima relación con el medio natural, y practicar actividad física, ejercicio o deportes al aire libre es una saludable necesidad.

Sin embargo, la naturaleza carece de barreras o protecciones que aseguren nuestra integridad, y los errores en este medio se pagan caros.

Foto 2: Rescate en Pirineos.

Estamos ante un dilema: para lograr el bienestar, necesitamos la relación con la naturaleza, y para tenerla, debemos abandonar la supuesta zona "segura" de los entornos humanizados, lo que nos expone a ciertos riesgos.

Para hacerles frente con ciertas garantías de éxito recurriremos a la formación y la información, dos pilares fundamentales de la seguridad.

Esta obra, que es fruto de la experiencia conseguida a base de analizar errores, unos propios, y otros ajenos, nace con el objetivo de fortalecer ambos pilares.

Foto 3: Curso de Primeros Auxilios con la Escuela de Alta Montaña.

Pero tratándose de un texto básico, su lectura no da respuesta a todas las cuestiones que nos plantea la montaña.

Por eso, recomendamos realizar además cursos específicos de:
- Primeros auxilios.
- Lectura de mapas y orientación.
- Comunicaciones
- Supervivencia,...

Y un amplio etcétera, para mejorar nuestras capacidades.

Hacer montañismo nos permitirá disfrutar de valiosas cualidades humanas, como la solidaridad, pero también nos expondrá al egoísmo, igualmente humano, si la compañía no es la deseable.

En suma: este medio natural será una excelente escuela de vida.

Foto 4: La montaña potencia las relaciones humanas.

1) El inicio de una afición

Foto 5: Primeros pasos con familia y amistades.

a. ¿Por qué hacer montañismo?
b. Primeros pasos por la montaña
c. Cómo elegir una excursión
d. Cómo calcular la duración de un recorrido
e. Escalas de dificultad de los recorridos
f. Seis consejos antes de iniciar una excursión

1a. ¿Por qué hacer montañismo?

El montañismo es mucho más que un deporte, y puede acabar siendo una preciosa forma de vivir.

¡Salid a probarlo, y saludad a quien se cruce en vuestro camino, porque ya tenéis algo en común!

La actividad física es una necesidad vital para el ser humano, y hacerla en un entorno natural, además de mejorar nuestra salud, nos permite disfrutar de cuanto nos rodea en ese medio del que provenimos.

Foto 6: Compañerismo.

Veamos algunos datos:

• El esqueleto aumenta su contenido en calcio y su dureza, lo que resulta especialmente importante en la mujer a partir de cierta edad, para evitar la osteoporosis. Y eso gracias a que en cada paso soporta la presión del peso y a que la piel, al aire libre, puede recibir la caricia del sol, favoreciendo la formación de vitaminas B12 y D.

• También a las articulaciones les viene bien la práctica de actividades como el montañismo. Andando sin forzarlas, los cartílagos que contienen se lubrican y mantienen en mejores condiciones que en reposo.

• Igual les ocurre a los músculos que, al mantenerse activos, reciben mejor riego sanguíneo, oxígeno y nutrientes, además de conseguir más fuerza y resistencia.

• En cuanto a los pulmones, diversos estudios muestran que andar una hora al día, en una zona de baja contaminación, como la montaña, consigue que personas sedentarias recuperen relativamente pronto las capacidades ventilatorias que tenían con menos edad.

• Si nos centramos en el corazón, las investigaciones demuestran que con andar apenas 30 minutos al día el riesgo de padecer un accidente cerebro-vascular

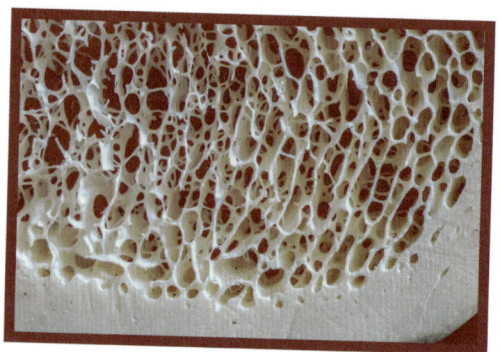

Foto 7: Zonas de hueso esponjoso y hueso compacto.

disminuye a una tercera parte. Y si el recorrido senderista diario se alarga hasta una hora, ¡el riesgo de tener un infarto a los 50-60 años se reduce a la mitad!

• A las virtudes fisiológicas que tiene este tipo de ejercicio en el medio natural hay que añadir otra igual de interesante: en laboratorio se ha visto que cuando andamos regularmente, cada una de nuestras células mantiene en mejor estado su ADN y se aprecia, además, un efecto "antiaging" o contra el envejecimiento.

• Fruto de la conservación del

Foto 8: Ejercicio en un ambiente sano.

ADN, la Fundación Mundial para la Investigación del Cáncer afirma que unos 10.000 casos al año de los de mama e intestinal pueden ser evitados andando una hora al día, y ¿qué mejor que hacerlo en la montaña?

• Por último, citaremos que en la naturaleza las relaciones entre personas se establecen con más facilidad que en otros entornos, rodeados de una muchedumbre anónima.

En soledad o en grupo, aunque es mejor en compañía, ajustando a nuestro gusto y posibilidades el lugar, la distancia a recorrer y el ritmo de los pasos, la naturaleza nos regalará paisajes, serenidad y alegría.

Imaginar tu aventura es lo primero que debes hacer.

Foto 9: Bibliografía.

1b. Los primeros pasos por la montaña

Al igual que cualquier otra actividad lúdica, laboral o deportiva, el proceso de aprendizaje de las actividades en la montaña se ve favorecido por la ayuda de personas experimentadas.

En el caso del montañismo, es habitual comenzar, incluso desde muy corta edad, de la mano de familiares avezados en esa afición.

Foto 10: Excursión de un club.

Sin embargo, hay otras alternativas.

Los grupos de actividades escolares o extraescolares pueden ser otro de los puntos de partida, con el control de monitores y monitoras de tiempo libre o de guías de montaña.

La formación y difusión de conocimientos básicos también puede ser impartida por asociaciones civiles como el Movimiento Scout.

Por otra parte, los clubes de montañismo facilitan el aprendizaje tutelado

Foto 11: Grupo Skout.

de muchas otras personas mediante las actividades y cursos regularmente programados, siendo guías benévolos o gente de reconocida experiencia quienes comparten sus conocimientos.

Para una formación más especializada, las federaciones territoriales o estatales cuentan con técnicos, con un mayor nivel de capacitación deportiva y profesional, que pueden impartir formación sobre un amplio catálogo de materias.

Pero en la montaña también es habitual encontrar autodidactas.

Personas que han ido aprendiendo a base de práctica, de prueba y error.

Y lo que es más peligroso: hay quienes se lanzan a la aventura sin más bagaje técnico que unas ligeras lecturas de textos no contrastados, o quienes simplemente compran material de montaña, sin conocer su uso, y se atreven a utilizarlo sin sospechar que corren riesgos.

Conseguir una buena y amplia formación es uno de los pilares de la salud y la seguridad en montaña, y nuestro primer consejo.

Además de acercarnos a las instituciones que hemos citado, las librerías especializadas y ciertas páginas contrastadas de internet pueden satisfacer nuestro afán de aprender más, al menos desde el punto de vista teórico.

Para hacer frente a las adversidades de la montaña que no seamos capaces de sortear, es habitual recurrir a pólizas de seguro.

La primera opción son los seguros concertados por las Federaciones de este deporte, si bien conviene leer la "letra pequeña" de sus cláusulas para no llevarnos desagradables sorpresas.

Hay que comprobar que las situaciones a que nos enfrentaremos en determinada actividad o viaje están cubiertas.

Debemos saber que habitualmente se trata de seguros de accidente, no de enfermedad, por lo que ciertas patologías y lesiones crónicas están excluidas en sus coberturas.

Además del ámbito geográfico incluido en la póliza, debemos comprobar que nos ofrezcan un límite de altitud superior a nuestro objetivo y que sus

https://www.theuiaa.org/documents/mountainmedicine/SPANISH_UIAA_MedCom_Rec_No_1_4x4_health_rules_2008_V1-1.pdf dotaciones económicas puedan hacer frente a los elevados costes de rescates, evacuaciones, asistencia hospitalaria y repatriación.

Algunas pólizas de seguro de viviendas incluyen los viajes en sus coberturas, aunque quizás con límites bajos de altitud, por lo que es preciso consultar si nos cubren las actividades de montaña que pretendemos realizar.

Una opción complementaria para cuando se trata de ir a lugares remotos es contratar un seguro específico para viajes.

Un atropello en zona urbana, un dolor de muelas, apendicitis o neumonía no están cubiertos por los seguros de montaña habituales, pero sí por casi todos los de viaje.

En cualquier caso, contar con una buena póliza de seguro no debe hacernos bajar la guardia, porque nuestra salud y seguridad dependen de ello.

Foto 12: Más bibliografía.

1c. Cómo elegir una excursión

Foto 13: Elegir bien para disfrutar.

Salir a caminar por la montaña es mucho más que hacer ejercicio. Nos permite disfrutar desde el momento en que nace la idea de desplazarnos.

La mejor forma de comenzar a conocer nuestro entorno es participar en actividades organizadas por clubes o federaciones. De esa forma iremos conociendo caminos, lugares y cimas, a la par que conseguiremos formación e información.

Al caminar aprenderemos sobre el suelo que pisamos o el paisaje que nos deleita, y detalles de botánica, de biología, geología o meteorología enriquecerán las excursiones si vamos en compañía de personas expertas.

Pero también "descubrir" la naturaleza por nuestros propios medios es muy atractivo.

Ya el hecho de buscar objetivos montañeros y documentarse sobre ellos hace placentera la organización de una salida.

Conformarnos con saber el camino y poco más es renunciar a demasiadas cosas.

Es importante conocer alternativas a nuestro objetivo principal. De esa forma podremos aprovechar la jornada si la meteorología, imprevistos en el viaje o cualquier otra dificultad, nos obliga a renunciar a la cima o recorrido previsto.

En tal caso, contar con otras opciones de actividad, bien sea en la misma zona programada o en otras cercanas por las que debemos pasar, nos puede salvar la jornada montañera.

¿Cómo escoger una salida?

En diversas fuentes, como libros impresos y lugares de internet, hay mucha información

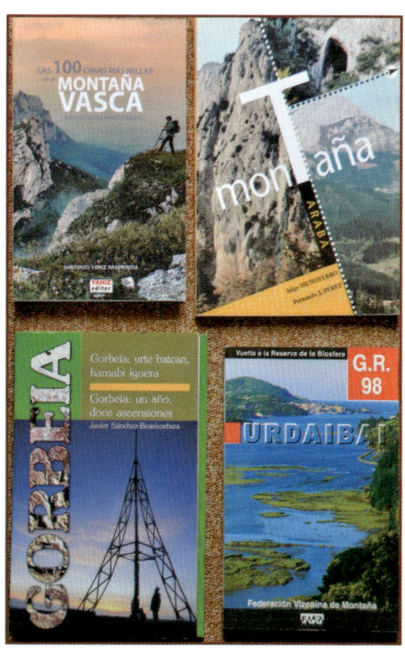

Foto 14: Fuentes de información.

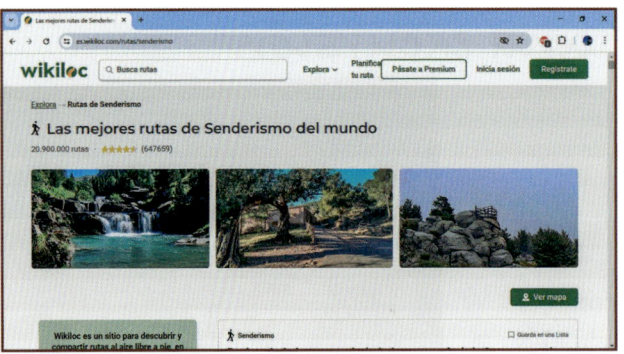

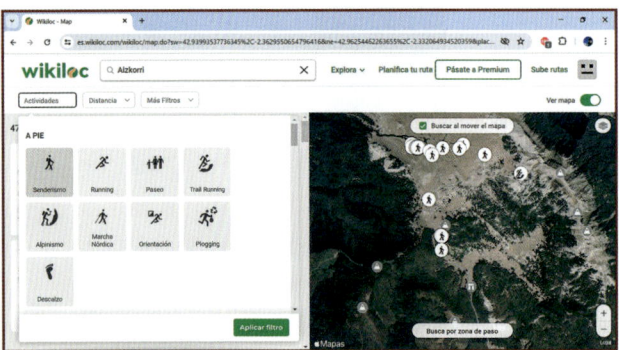

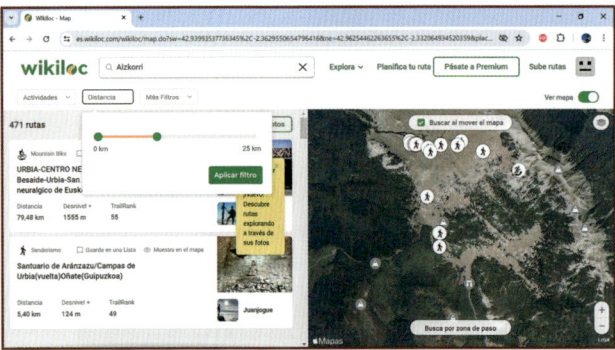

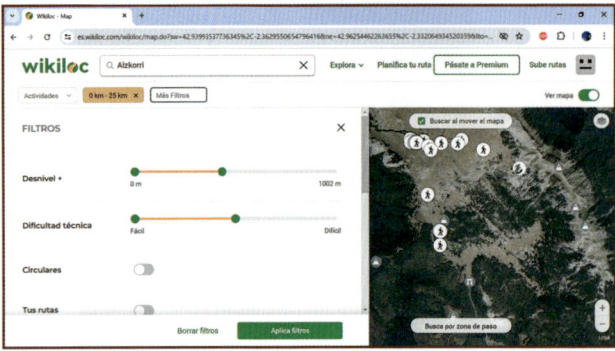

Foto 15.

sobre distintos tipos de actividades en la montaña, pero parte de los contenidos pueden no ser objetivos o fiables, al menos en cuanto a la valoración del riesgo o el esfuerzo físico del objetivo se trata.

Si no queremos complicarnos, existen formas de catalogar los itinerarios.

En Wikiloc, por ejemplo, que es una de las fuentes de información más importantes sobre recorridos en montaña, podremos elegir una zona geográfica que nos interese y acceder a innumerables opciones de actividades realizables en ella.

Crear una cuenta en Wikiloc es gratuito, solo es necesario facilitar una dirección de correo electrónico y una contraseña. También hay una versión de pago con la que podremos perfeccionar la búsqueda de recorridos seleccionando alguno de sus filtros.

Comenzaremos escogiendo la actividad que queremos hacer en la pestaña "Actividades", pudiendo elegir más de una al mismo tiempo.

A continuación, deslizando los cursores marcaremos en "Distancia" el margen de kilómetros en que creemos ser capaces de disfrutar y pulsaremos "Aplicar filtro".

Seguidamente, pulsando en la casilla denominada "Más filtros", veremos que el segundo de los ofrecidos es "Dificultad técnica", y nos resultará muy útil para ajustar las búsquedas de recorridos a nuestro gusto y capacidad.

Moviendo su doble cursor podemos hacer que nos ofrezca tan solo los itinerarios más sencillos o, si los desplazamos hacía la derecha, que aparezcan los de dificultad moderada o los más exigentes.

Incluso en la versión gratuita hay más opciones, como acotar el desnivel o que el recorrido sea circular, mientras la opción de pago incrementa las posibilidades de hacer una búsqueda aún más detallada.

Conociendo bien el camino será más fácil que lo disfrutemos y más difícil que la propuesta nos supere y tengamos dificultades para finalizarla.

práctica:

1.- En tu buscador de internet, pulsa
https://es.wikiloc.com/rutas/senderismo

2.- En "Busca rutas" escribe el nombre de una zona de montaña de tu gusto.

3.- En el recuadro "Actividades", elige "Senderismo".

4.- Ajusta en el recuadro "Distancia" el margen de kilómetros que deseas andar.

5.- En "Más filtros" regula moviendo el doble cursor la dificultad que deseas, sabiendo que puedes mover tanto el límite superior como el inferior.

6.- Desplázate hasta la parte inferior y pulsa sobre "Aplicar filtros" para obtener una lista de sugerencias de recorrido adaptada a tus posibilidades y gustos.

En cualquier caso, una vez decidas qué recorrido hacer, recuerda decírselo a personas de tu confianza.

Será una información muy importante si algo se tuerce y es preciso ir a buscarte.

Foto 16.

Foto 17: Con el objetivo a la vista.

1d. Cómo calcular la duración de un recorrido

Uno de los detalles básicos al preparar una excursión es tener una idea aproximada de cuánto tiempo nos llevará.

Es fundamental conocer, incluso de forma aproximada, la duración que un recorrido puede exigirnos para programar una hora adecuada de salida e impedir que se nos haga de noche sin desearlo, o para calcular la cantidad de bebida y comida que podemos necesitar.

Si obtenemos la información a partir de publicaciones hechas por personas que no conocemos, nos convendrá ser prudentes y añadiremos un cierto porcentaje de tiempo extra al que nos indican.

Más vale comprobar después que somos capaces de seguir el ritmo propuesto, o que andamos incluso más rápido de lo marcado, que encontrarnos con que quien ha hecho la publicación va corriendo y a nosotros se nos hace tarde.

Tanto en esos casos como cuando se trate de un recorrido que diseñamos a nuestro gusto, hay métodos para calcular de forma aproximada cuánto podemos tardar en realizar determinada excursión.

Lo más habitual es tomar en consideración dos aspectos: la distancia a cubrir y el desnivel a superar.

Aunque no todas las personas andamos al mismo ritmo ni ascendemos los mismos metros de desnivel por hora, unas cifras promedio pueden ser las de caminar a 4 Km/hora y ascender unos 400 metros de desnivel en ese tiempo.

Veamos cómo utilizar esos datos para calcular, de forma aproximada, la duración de un recorrido que tenga, por ejemplo, 10 Km de longitud y 600 metros de desnivel positivo acumulado.

Lo que haremos es calcular cuánto tardaríamos en recorrer la distancia: 10 Km divididos entre 4 Km/h igual a 2,5 horas.

Y haremos lo mismo con el desnivel: 600 metros entre 400 m/h igual a 1,5 horas

Para facilitar las operaciones matemáticas, convertiremos las horas en minutos:

2,5 horas de la distancia = 150 minutos,

1,5 horas del desnivel = 90 minutos.

A continuación, a la cifra mayor de ambos cálculos le añadiremos la mitad de la menor:

150 + 90/2 = 195 minutos, aproximadamente, tardaremos en cubrir ese recorrido con una distancia de 10 kilómetros y 600 metros de ascenso. Es decir, 3 horas y 15 minutos.

Debemos tener cautela a la hora de aplicar esta fórmula, puesto que también el tipo de terreno a recorrer, la carga de la mochila, un ambiente caluroso, el viento y otros factores ambientales influirán en el tiempo real.

Foto 18: Las condiciones del terreno, como esa nieve profunda, pueden modificar mucho la duración de un recorrrido.

Por ejemplo, si una capa de nieve cubriera todo el recorrido, tardaremos más de lo previsto en hacerlo.

De hecho, en ese caso deberemos multiplicar el resultado calculado por un factor entre 1,3 y 1,6 o incluso más, según el espesor de la nieve y su dureza.

Veamos el nuevo cálculo en el mejor de los casos, con poca nieve:

195 minutos multiplicados por 1,3 igual a 253,5 minutos; es decir que tardaremos 4 horas y 13,5 minutos. ¡Casi una hora más que sin nieve!

Según sea nuestra capacidad física, en sucesivas excursiones veremos si estos cálculos teóricos se acercan a la realidad o, por el contrario, tardamos más o menos de lo previsto.

Una vez comprobado, podremos ajustar la fórmula propuesta sumando o restando un pequeño porcentaje de tiempo.

práctica:

1.- Escoge un recorrido a tu gusto.

En *https://es.wikiloc.com/rutas/senderismo* podrás encontrarlo.

2.- Aplica la fórmula propuesta a sus datos de "Distancia" y "Desnivel +".

3.- Comprueba si el resultado se aproxima al "Tiempo en movimiento" que muestra Wikiloc para ese recorrido.

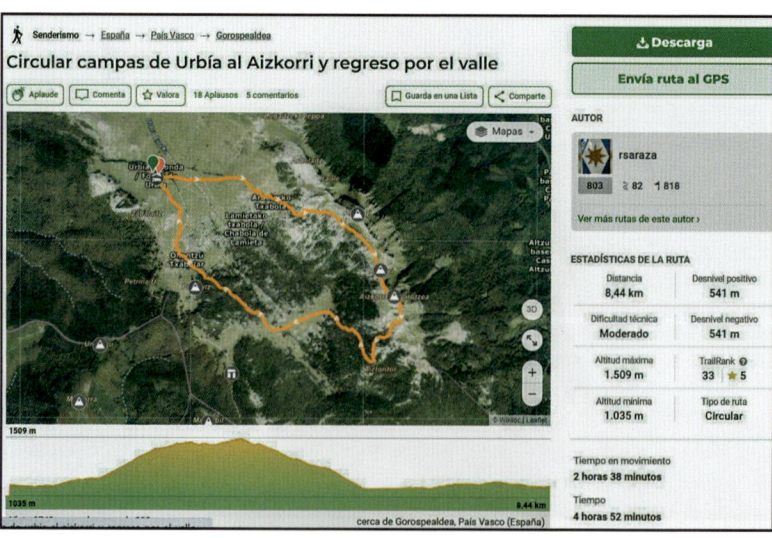

Foto 19.

1e. Escalas de dificultad de los recorridos

Lo que para algunas personas es fácil, puede ser difícil y exigente para otras.

Por eso es de agradecer que algunas obras ofrezcan escalas de referencia sobre las características de sus recorridos, como la denominada MIDE.

https://mide.montanasegura.com/

Esta herramienta organiza y puntúa la información de un recorrido en cuatro apartados:

Foto 20: Zona que exige utilizar las manos.

-**MEDIO**: Analiza la severidad del medio natural.

1.- El medio no está exento de riesgos

2.- Hay más de un factor de riesgo.

3.- Hay varios factores de riesgo.

4.- Hay bastantes factores de riesgo.

5.- Hay muchos factores de riesgo.

-**ITINERARIO**: Toma en consideración la dificultad de orientarse en el recorrido.

1.- Caminos y cruces bien definidos.

2.- Sendas o señalización que indica la continuidad.

3.- Es preciso identificar accidentes geográficos y puntos cardinales.

4.- Exige técnicas de orientación y navegar fuera de traza.

5.- La navegación es interrumpida por obstáculos a bordear.

-**DESPLAZAMIENTO**: Valora la dificultad para desplazarse.

1.- Marcha por superficie lisa.

2.- Marcha por caminos de herradura.

3.- Marcha por sendas escalonadas o terrenos irregulares.

4.- Es preciso el uso de las manos para mantener el equilibrio.

5.- Requiere pasos de escalada para la progresión.

-ESFUERZO: Refleja la cantidad de esfuerzo necesario.

1.- Hasta una hora de marcha efectiva (descontando las paradas).

2.- Entre una y tres horas de marcha efectiva.

3.- Desde tres hasta seis horas de marcha efectiva.

4.- Entre seis y diez horas de marcha efectiva.

5.- Más de 10 horas de marcha efectiva.

No es esta la única escala que podemos encontrar.

Asociaciones montañeras de países como Francia, Gran Bretaña, Estados Unidos (YDS), Suiza (Club Alpino Suizo-SAC), y otras internacionales, como la UIAA (Unión Internacional de Asociaciones de Alpinismo) han propuesto otras escalas para graduar la dificultad de las actividades que podemos realizar en montaña.

Foto 21.

https://es.wikipedia.org/wiki/ Graduaci%C3%B3n_de_dificultad

También los datos GPS pueden servir para valorar la exigencia física de un recorrido, pero no su dificultad. Es lo que propone el "ibp index" (Intelligent Benchmark Prediction).

En este caso, a partir de los puntos del track o registro del itinerario, una aplicación calcula su dureza ofreciendo resultados según se haga andando a pie, en bicicleta o corriendo.

Foto 22.

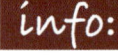

https://www.ibpindex.com/index.php/es/

Y siempre nos queda la opción de preguntar a quienes saben más que nosotros. Seguro que, además de la dificultad, nos contarán muchos más detalles interesantes del camino.

1f. Consejos a seguir antes de iniciar una excursión

Foto 23.

En capítulos anteriores hemos descrito los "pasos a dar" antes de comenzar a andar.

De forma sintética, la Euskal Mendizale Federazioa - Federación Vasca de Montañismo los condensa utilizando un símbolo celta de seis brazos para facilitar su aprendizaje y memorización.

Estos son los seis consejos representados en el "seiburu":

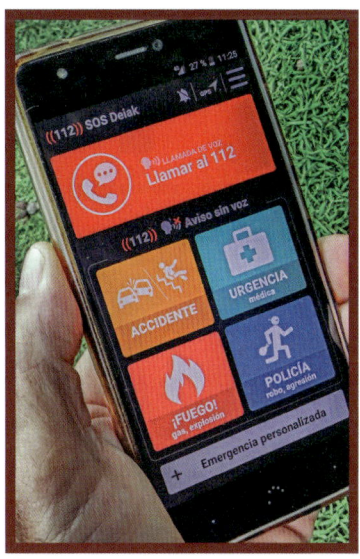

Foto 24.

1. Prepara tu recorrido. Infórmate sobre sus dificultades, duración, puntos de interés, etc.

2. Consulta la previsión meteorológica. Con ella, y conociendo la duración de la luz diurna, podrás escoger mejor tu recorrido.

3. Organiza tu mochila. Hay cosas que podrás mantener siempre en ella, como el botiquín, pero otras, como la ropa o alimentación, deberás adaptarlas a cada situación y proyecto de excursión.

4. Mide tus fuerzas. No hacerlo es un riesgo de sufrir problemas de salud, moderados, como una "pájara", o graves, como un problema cardiaco. Adapta el recorrido a tus posibilidades reales.

5. Deja dicho dónde vas. Avisa a personas de tu confianza sobre los detalles de tu proyecto. Que sepan dónde quieres ir, cuándo volverás, etc. para facilitar tu búsqueda se fuera precisa. O utiliza aplicaciones que permitan tu geolocalización.

6. Si tienes problemas, llama al 112. Recuerda ese número y asegúrate de contar con recursos y batería para poder comunicar con precisión los detalles y que la ayuda pueda llegar pronto.

Imagen 25.

Foto 26: Con crampones, sobre nive dura y placas heladas.

2) Detalles del andar

a. Cuánto cuesta andar y cuál es el mejor ritmo
b. Influencia del terreno y la pendiente
c. Influencia de la edad en el gesto de caminar
d. Longitud y ritmo de los pasos
e. Otros factores que influyen en la forma de andar
f. La importancia del braceo al andar
g. Hasta qué ritmo es mejor andar que correr

2a. ¿Cuánto cuesta andar y cuál es el mejor ritmo?

Foto 27.

Caminar es la base para practicar montañismo.
Andar es para los seres humanos un gesto muy técnico y difícil, a pesar de no parecerlo, pues exige una compleja labor de coordinación entre sensores del equilibrio, nervios y músculos.

De hecho, fuimos diseñados para movernos a cuatro patas, pero hace apenas 3 millones de años que comenzamos a utilizar solo las extremidades inferiores para desplazarnos.

Desde entonces, mantenemos el equilibrio sobre la pequeña superficie

Peso total	3,2 km/h	4,0 km/h	4,8 km/h	5,6 km/h	6,4 km/h	7,2 km/h	8,0 km/h
50,0 kg	2,1	2,4	2,8	3,1	4,1	5,2	6,6
54,5 kg	2,3	2,6	3,0	3,4	4,4	5,6	7,2
59,1 kg	2,5	2,9	3,2	3,6	4,0	6,1	7,0
63,6 kg	2,7	3,1	3,5	3,9	5,2	6,6	8,4
68,2 kg	2,8	3,3	3,7	4,2	5,6	7,0	9,0
72,7 kg	3,0	3,5	4,0	4,5	5,9	7,5	9,6
77,3 kg	3,2	3,7	4,2	4,8	6,3	8,0	10,2
81,8 kg	3,4	4,0	4,5	5,0	6,7	8,4	10,8
86,4 kg	3,6	4,2	4,7	5,3	7,0	8,9	11,4
90,9 kg	3,8	4,4	5,0	5,6	7,4	9,4	12,0
95,4 kg	4,0	4,6	5,2	5,9	7,8	9,9	12,6
100,0 kg	4,2	4,8	5,5	6,2	8,3	10,3	13,2

Cuadro 28: Gasto de energía cada minuto de marcha en función de la velocidad y el peso total.

de ambos pies y con un centro de gravedad elevado, lo que hace que el riesgo de caída sea grande, especialmente cuando nos ponemos a andar, porque hacerlo consiste en encadenar de forma controlada una sucesión de desequilibrios en los que solo una parte de la superficie de los pies toca el suelo.

Andar nos cuesta más o menos energía en función de la pendiente, de nuestro peso y del que cargamos en la mochila, así como de la velocidad a la que nos desplazamos.

En terreno llano, según el peso total que movemos, el gasto de Kilocalorías en cada minuto de marcha es el que mostramos en el cuadro de la página 30:

Es evidente que cuanto más peso movamos y a más velocidad, el gasto calórico será mayor.

Por tener una referencia, en una hora de caminata a 5 Km/hora, una persona de 70 kg de peso gastará unas 240 Kcal.

Veamos en la siguiente gráfica un ejemplo calculado para una persona de unos 65 kg de peso y sin carga:

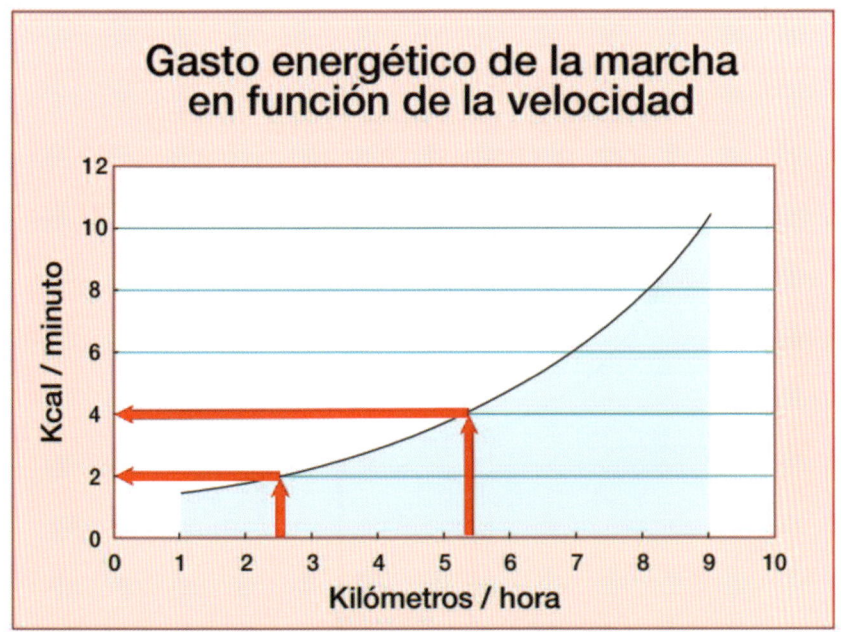

Gráfica 29: Gasto de energía cada minuto en función de la velodidad de marcha.

En ella se aprecia que a 5,3 km/hora gastaría en cada minuto el doble de Kilocalorías que si anduviera a 2,5 km/h.

Aprovechando esos datos, podemos calcular cuál es el ritmo de marcha más económico para recorrer, por ejemplo, 1 kilómetro.

A 1 km/h esa persona gastaría unas 1,6 Kcal cada minuto, y tardaría 60 minutos en recorrer el kilómetro, por lo que consumiría 1,6 x 60 = 96 Kcal.

A 2 km/h el consumo asciende a unas 2 Kcal cada minuto, y tardará 30 minutos en completar el kilómetro, por lo que el gasto sería de 2 x 30 = 60 Kcal.

Curiosamente, a pesar de ir el doble de rápido, para recorrer ese kilómetro gastamos menos a 2 Km/h que a 1 Km/h.

¿Qué ocurre a otros ritmos más ligeros?

A 4 Km/h el cálculo es: 3,1 Kcal x 15 = 46,5 Kcal para recorrer 1 kilómetro.

A 5 Km/h tardaremos 12 minutos, luego el gasto será de 3,8 x 12 = 45,6 Kcal por kilómetro.

A 6 Km/h emplearemos 10 minutos, y en cada uno gastaremos 4,7 Kcal, luego el coste por kilómetro será de 4,7 x 10 = 47 cal.

¡A partir de ese ritmo el gasto comienza a ascender!

A 7 Km/h los datos serán 6 x 8,57 = 51,4 Kcal para recorrer 1 Km.

Y a 8 Km/h, si multiplicamos las 8 Kcal por minuto que cuesta andar por los 7,5 minutos que tardaremos en cubrir el kilómetro, gastaremos 60 Kcal en cubrir esa distancia.

Expresando esos datos en forma de gráfica, apreciamos lo siguiente:

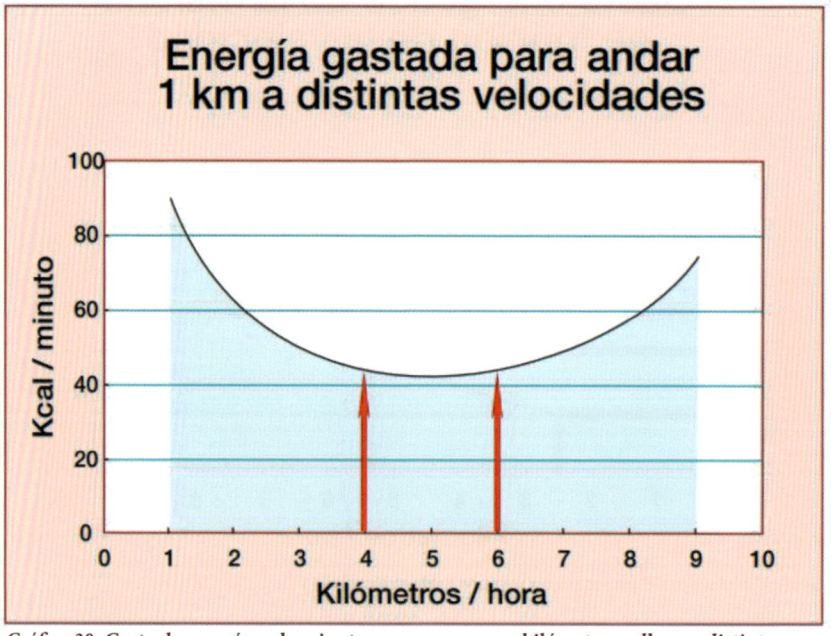

Gráfica 30: Gasto de energía cada minuto para recorrer un kilómetro en llano a distintas velocidades.

En ella se pone en evidencia que el ritmo más económico para andar en terreno llano y sin cargas añadidas está entre 4 y 6 km/hora, lo que debemos tener en cuenta a la hora de programar nuestras excursiones.

2b.- Influencia del terreno y la pendiente

El esfuerzo de recorrer determinado camino depende de nuestro peso corporal, del que llevemos en la mochila, de la pendiente, la velocidad, y también del tipo de terreno.

Si medimos las velocidades espontáneas de marcha de personas jóvenes de ambos géneros, veremos que la media es de 5,6 Km/h sobre hierba o asfalto. Sobre arena húmeda baja a 5,4 Km/h, y sobre arena seca desciende hasta 5 Km/h.

Caminar sobre un campo labrado hace que el esfuerzo sea igual al de andar sobre asfalto multiplicado por 1,5, y algo similar ocurre si el camino está embarrado.

Foto 31: El barro hace más dificultoso el camino.

Sobre nieve, puede llegar a ser 1,6 veces mayor, y hasta duplicarse, en caso de ser nieve profunda.

Esto es importante a la hora de planificar recorridos o de calcular su duración puesto que, si una nevada cae sobre el terreno o si las lluvias lo dejan embarrado, precisaremos bastante más tiempo del previsto con terreno seco.

Foto 32 Andar sobre nieve incrementa el gasto de energía para desplazarnos.

Veamos un ejemplo:

Pensamos hacer una excursión de 4 horas por una zona de media montaña y, el día anterior, cae una nevada de 20 cm de espesor.

Deberemos tener en cuenta que ese recorrido, ahora nevado, nos costará:

4 horas X 1,6 = 6 horas y 24 minutos

Por lo tanto, deberemos analizar si somos capaces de soportar ese aumento de esfuerzo o, por el contrario, es mejor acortar el recorrido para ajustarlo a nuestras posibilidades.

Incluso irregularidades del relieve de no más de 2,5 cm. como las que encontramos en antiguos caminos empedrados, o de adoquines, hacen que andar nos cueste más esfuerzo que hacerlo sobre un firme liso.

En ese caso, lo que ocurre es que nos obliga a acortar las zancadas y a hacerlas de longitud irregular, para pisar en las zonas más propicias, con lo que el gasto de energía puede ascender incluso algo más de un 25%.

Otra variable que influye en el coste energético de la marcha es la pendiente.

Cuando es ascendente, al gasto de desplazarnos en horizontal hay que añadir el de elevar nuestro peso hasta la altura alcanzada.

En cuanto a la pendiente, con la que menos energía gastamos para ascender una distancia concreta es de aproximadamente un 25%, que suele ser próxima a la que tienen muchos de los caminos tradicionales en zigzag.

Y en ellos, la velocidad más eficiente es de unos 2,3 Km/h, lo que nos permitiría salvar un desnivel vertical de unos 500 metros cada hora.

Imaginemos que comenzamos a subir una cuesta de frente y en cada paso ascendemos 30 centímetros de altura.

Foto 33: Las irregularidades del camino hacen que andar cueste más.

Si pesamos 70 kilos y llevamos una mochila con 10 kilos más, el trabajo de ese paso será igual a nuestra masa total multiplicada por la gravedad y por la altura ganada, expresada en metros:

(70 + 10) x 9,8 x 0,3 = 235,2 Julios cada paso

En cambio, si ascendemos haciendo zig-zag, aunque nuestro paso sea algo más largo, ascenderemos menos altura. Pongamos que 15 centímetros, con lo que el trabajo de dar la zancada será:

(70 + 10) x 9,8 x 0,15 = 117,6 Julios cada paso

Foto 34: Dos formas de afrontar un ascenso duro.

Es decir que, al subir haciendo zetas, cada zancada del ejemplo nos costará la mitad de esfuerzo.

Entonces, si lo que nos caracteriza es tener unas piernas fuertes, igual nos convendrá subir de frente, pero si somos más de resistencia que de fuerza, será ventajoso escoger un ascenso haciendo diagonales en zig-zag porque, aunque daremos más pasos y andaremos mayor distancia para llegar a la cima, cada una de esas zancadas nos exigirá menos trabajo y el ascenso será más soportable.

En el descenso nos encontramos con algo curioso.

Al contrario de lo que pudiera parecer, el consumo de energía no es menor cuanto mayor es la pendiente.

Lo que ocurre es que el gasto calórico baja a medida que aumenta la pendiente hasta llegar a una inclinación de máxima eficacia y, a partir de ella, el consumo vuelve a subir, por efecto del esfuerzo para mantener la estabilidad del cuerpo.

Andando a unos 4,8 Km/h la inclinación más eficiente para bajar es de un 8%, y pendientes de descenso más leves o más acusadas, aun

Foto 35: Bajar también cuesta esfuerzo.

siendo soportables, nos obligan a gastar más energía para recorrer cierta distancia y desnivel.

Siguiendo hacia abajo a esa velocidad de 4,8 km/h un trazado, en este caso, con el antes citado 25% de pendiente, llegaríamos a descender la nada despreciable cifra de 1.200 metros de desnivel en 1 hora, pero sería asumiendo un esfuerzo extra.

Además de las limitaciones propias de la capacidad física, en los descensos debemos tener en cuenta una limitación más, que es la tolerancia a los impactos de nuestras rodillas y caderas.

Bajando, cuanto más largos sean nuestros pasos, mayor será la diferencia de altura entre dos apoyos sucesivos, caeremos de mayor altura y mayor será el impacto que sufrirán las articulaciones.

Por lo tanto, a personas con deterioro de rodillas o caderas se les recomienda acortar la longitud de sus zancadas en las bajadas y reducir el desnivel salvado en cada paso de descenso.

2c.- Influencia de la edad en el gesto de caminar

El esfuerzo de andar no es igual para todas las personas.

Por debajo de los 13 y a partir de los 50 años, el gasto de energía por cada kg de peso es mayor que en las personas de mediana edad.

En el caso de las jóvenes, por estar aun desarrollando una técnica refinada de la marcha, y en el de las mayores, por la pérdida progresiva de fuerza, elasticidad y coordinación.

La edad en la que mejor es la eficacia ronda entre los 20 y los 40 años, aunque podemos encontrar personas

Foto 36: Andar vacilante en la infancia.

Foto 37.

de edad avanzada capaces de caminar mejor que otras más jóvenes, pero menos habituadas.

Con la edad, la longitud de zancada se va haciendo más corta, por la disminución de fuerza y elasticidad, lo que incrementa el gasto de energía.

Además, a medida que nos hacemos mayores vamos caminando con los pies ligeramente más separados, lo que nos ayuda a mantener el equilibrio y compensar la pérdida de fuerza y coordinación.

Como consecuencia, la velocidad de marcha espontánea; la que escogemos voluntariamente cuando andamos sin ninguna imposición de ritmo, se va haciendo menor con la edad.

Analizando distintos grupos de personas sanas de diferentes edades, se aprecia que en el caso de las jóvenes esa velocidad es de unos 5,6 km/h, mientras que en torno a los 60 años se reduce a 5 km/h, y a los 80 baja hasta 4,2 km/h.

Dado que la capacidad física disminuye con la edad en la mayoría de la población, aunque la velocidad preferida se haga más lenta con los años, el esfuerzo para mantenerla crece en proporción.

Caminar a 5 km/h con unos 60 años exige dedicar a ello el 43% de la capacidad física total, mientras las personas de unos 80 años deben gastar el 61% de la suya para andar a 4,2 km/h.

Por lo tanto, el proceso de envejecimiento afecta de forma evidente a la forma y coste de caminar, y debe ser tenido en cuenta a la hora de programar actividades por la montaña, especialmente cuando los días son más cortos y hay menos margen de tiempo para corregir errores de cálculo.

Foto 38: Con la edad, la forma de andar se hace más lenta, de paso más corto y con apoyos más laterales.

2d.- Longitud y ritmo de los pasos

La longitud de los pasos que damos depende de la longitud de las piernas, de la talla, del estilo de marcha personal, del terreno y de su pendiente. Pero cuando andamos de forma natural, espontánea y en llano, los pasos promedio de las mujeres suelen ser de 61 a 66 cm de longitud y los de los hombres, de entre 70 y 78 cm.

También la edad influye en ese dato y, en ambos casos, la longitud se va acortando hasta cerca de un 8% en personas por encima de los 70 años.

Mientras subimos es habitual acortar el paso, ya que de esa forma disminuye la fuerza necesaria para superar el desnivel, por ser este menor.

Foto 39.

En descenso, por lo general suele ocurrir lo mismo, ya que de esa forma los impactos articulares se hacen menores y la aplicación de los apoyos sobre el suelo se hace menos tangencial al terreno, reduciendo el riesgo de resbalar.

Curiosamente, la longitud de paso que elegimos de forma inconsciente suele ser la más rentable desde el punto de vista energético, por lo que conviene no alterar de forma voluntaria nuestra personal forma de caminar.

En cuanto al ritmo de los pasos, se ha comprobado que cuando nos ponemos a andar mantenemos de forma instintiva unos 108 a 117 pasos por minuto, en el caso femenino, y de 102 a 117 en el masculino.

La frecuencia de los pasos naturalmente elegida cambia en función de la velocidad a que andamos.

A una marcha lenta de apenas 1 km/h escogemos espontáneamente un ritmo de unos 66 pasos por minuto.

A 2 km/h la frecuencia elegida por la media de las personas asciende a 80 pasos/minuto, y si vamos a 5,4 km/h el ritmo sube hasta los 126 pasos/minuto.

Siguiendo esa progresión, el ritmo de paso más eficaz cuando caminamos a 7,5 km/h es de 144 pasos/minuto.

Al igual que ocurre con la longitud, cada persona es más eficaz si mantiene su ritmo espontáneo que si lo altera de forma voluntaria.

Por lo tanto, dejemos que nuestro propio cuerpo decida cómo andar en cada situación.

Foto 41: Mantener la longitud y ritmo de zancada espontáneos es más efizaz que forzarlos.

2e.- Otros factores que influyen en la forma y el esfuerzo de andar

Además de la edad, existen otros factores individuales que modifican la forma y el coste energético de la marcha.

Los más evidentes son la talla, la longitud de las piernas o el peso corporal.

Otros son más difíciles de percibir, como el deterioro de la coordinación, las articulaciones o la vista.

Pero también hay otras variables que influyen en el hecho de caminar.

Las personas con alteraciones de la visión, dado que se ven obligadas a modificar con más frecuencia la dirección y longitud de los pasos, así como la separación de sus apoyos, gastan más energía que quienes ven con normalidad.

Foto 42: Disfrutando del monte incluso con una pierna ortopédica.

Lo mismo ocurre con aquellas que sufren la enfermedad de Párkinson, que ven cómo se reduce la longitud de sus pasos, su cadencia y la velocidad de desplazamiento.

A su vez, la fibromialgia, al generar dolor, fatiga y disminución de la fuerza, da lugar a una longitud de zancada más corta y un aumento del gasto de energía necesaria para andar.

Foto 43: Muchas variables influyen en la forma de andar.

Y no acaba aquí la lista, sino que las hemiplejías, la diabetes tipo II, el síndrome de Down e incluso alteraciones emocionales, como la depresión, influyen en la forma de andar e incrementan el esfuerzo físico necesario para hacerlo.

Ese hecho debe ser tenido en cuenta para adecuar las actividades montañeras a las personas que padecen alguna de esas alteraciones.

2f.- La importancia del braceo al andar

Balancear de forma acompasada los brazos al andar es más que una costumbre.

Es un gesto que nos permite ahorrar energía respecto a caminar llevando las manos en los bolsillos o sujetas en los tirantes de la mochila, por ejemplo.

El movimiento coordinado de los brazos reduce los cambios del centro de gravedad y los movimientos angulares, mejorando la estabilidad, los impactos contra el suelo en cada paso y la economía de la marcha.

De esa forma, gastamos entre un 8 y un 34% menos energía que andando a la misma velocidad, pero con los brazos quietos.

Y también el corazón muestra la ventaja de balancear los brazos, puesto que late entre un 8 y un 17% más lento que cuando andamos a la misma velocidad, pero con los brazos inmóviles.

Otro motivo para no llevar las extremidades superiores sujetas en los tirantes, en jarras o con las manos en los bolsillos es que de esa forma empeora nuestro equilibrio.

Además, y lo que puede ser más grave, de esa forma si caemos hacía delante carecemos de defensa o será más lenta, con lo que podemos recibir golpes en la cara o el tronco que hubieran sido atenuados por el apoyo rápido de las manos en el suelo, en caso de llevarlas libres, balanceándose.

Basándonos en todo lo anterior, por salud y rendimiento, recomendamos mantener el braceo y la libertad de movimiento de los brazos al movernos por la montaña.

Foto 44: Andar natural.

Foto 45: Llevar los brazos fijos es negativo.

29.- ¿Hasta qué ritmo es mejor andar que correr?

Foto 46: Paso ligero en una pendiente ascendente.

Son dos formas de desplazarnos que se diferencian fundamentalmente por un detalle: al andar siempre mantenemos al menos un punto de apoyo en el suelo, mientras que al correr aparece una fase de "vuelo", en la que ninguna parte de nuestros pies lo toca.

En ciertos casos podemos plantearnos la duda de si hacer un recorrido andando o corriendo.

Desde luego que nuestra capacidad física será clave para poder hacerlo corriendo, ya que el gasto de energía es mayor, pero ¿es así a cualquier velocidad?

Si expresamos de forma gráfica el gasto de Kcal cada minuto a diferentes velocidades andando (curva azul oscura) y corriendo (recta roja), nos encontramos que la evolución de esas dos actividades es como sigue:

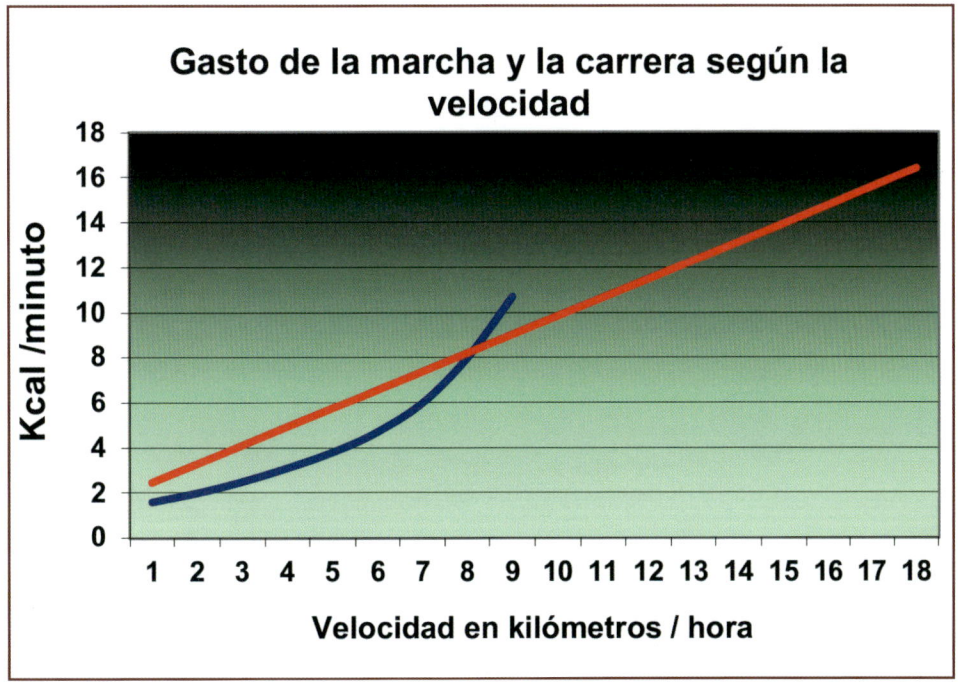

Gráfica 47: A partir de 7 a 8 km/h es más económico trotar que andar.

Se aprecia que a velocidades bajas andar es más económico que correr, puesto que el trazado azul está más bajo que el rojo.

A 5 Km/h, por ejemplo, andar cuesta unas 4 Kcal/minuto, mientras que correr a esa misma velocidad cuesta casi 6 Kcal/minuto. Cerca de un 50% más.

En cambio, a partir de unos 7 a 8 Km/h el gasto al andar se dispara de forma exponencial, sobrepasa la línea de color rojo y, entonces, resulta más económico trotar que andar.

Por lo tanto, en función de la técnica de cada persona, si queremos rodar en torno a esos 7-8 Km/h será mejor empezar a correr que intentar mantener un paso artificialmente rápido, y si nos movemos por debajo de esas velocidades, será preferible andar que trotar.

Otro aspecto a considerar es que, al correr, los impactos que debe soportar nuestro organismo son muy superiores en intensidad a los recibidos al andar.

Por lo tanto, quienes por edad o sobreuso padecen un deterioro de sus articulaciones, especialmente de cadera y rodilla, deben saber que correr es una actividad más agresiva para ellas que cubrir determinada distancia andando.

Foto 48.

3) Meteorología, comunicaciones y actuación ante emergencias

Foto 49

a. La importancia de la información meteorológica
b. Las comunicaciones de emergencia en montaña
c. Cómo saber y comunicar dónde estamos
d. Cómo actuar ante una emergencia en montaña
e. Causas más frecuentes de los accidentes e incidentes
f. Qué llevar en el botiquín
g. La manta de salvamento

3a.- La importancia de la información meteorológica

Foto 50: Nubes amenazan empeoramiento del tiempo.

Antes de iniciar cualquier actividad en el medio natural es muy importante conocer la predicción meteorológica, especialmente si nos dirigimos a zonas de alta montaña, donde las variaciones pueden ser extremas.

Debemos saber que la precisión del pronóstico del tiempo disminuye a medida que se hace a mayor plazo.

Tres o cuatro días, según la zona geográfica en que nos encontremos, es un margen temporal en el que puede conseguirse un resultado bastante fiable, pero a medida que alarguemos las fechas, la fiabilidad decaerá.

La presencia de montañas tiene una gran influencia en los factores atmosféricos.

En muchas zonas cercanas a ellas existen valles con "microclima", bien conocido por las gentes del lugar, pero que no será tenido en cuenta en los partes meteorológicos generales, por lo que es recomendable que la predicción sea lo más local o cercana posible a nuestro objetivo.

La primera fuente de información son las agencias oficiales del lugar en que vamos a desarrollar la actividad montañera.

info:

Euskalmet, AEMET o Meteo France pueden ser las más apropiadas para muchas de las zonas cercanas que visitamos, pero no son las únicas.

https://www.euskalmet.euskadi.eus/inicio/
https://www.aemet.es/es/app/eltiempodeAEMET
https://meteofrance.com/

Existen numerosas páginas web que ofrecen previsiones, propias o de otras agencias, y que pueden interesarnos por fijar su objetivo en áreas o cordilleras determinadas o en la práctica de actividades o deportes concretos.

https://es.weather-forecast.com/countries/Spain
https://www.meteoblue.com/
https://www.infonieve.es/meteo/
https://es.snow-forecast.com/

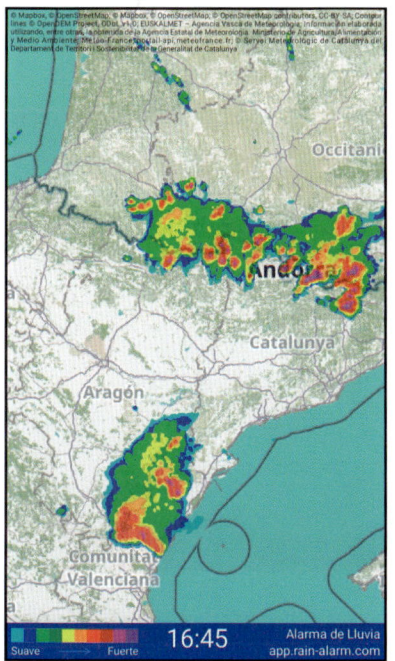

Imagen 51: Zonas de lluvia intensa.

Una información muy útil es la proporcionada en base a los radares de lluvia.

En este caso no se trata de predicciones, sino de datos reales sobre las precipitaciones que están teniendo lugar en una zona o que han ocurrido en un lapso de tiempo anterior.

Las imágenes son ofrecidas por agencias oficiales y se visualizan mediante aplicaciones, gratuitas o de pago, que nos ofrecen, por ejemplo, la progresión de frentes de lluvia y su intensidad, fundamentales para cambiar de planes a tiempo y evitar situaciones de riesgo si nos atrapan en zonas expuestas.

https://www.rain-alarm.com/

Algunas páginas ofrecen la posibilidad de suscribirnos a "meteoalertas", que son avisos anticipados ante la proximidad y evolución de fenómenos atmosféricos adversos, especialmente peligrosos en la montaña.

https://www.euskadi.eus/avisos-a-la-carta/web01-a2larri/es/
https://www.aemet.es/es/eltiempo/prediccion/avisos

A pesar de los avances tecnológicos, debemos recordar que la predicción meteorológica tiene margen de error, que éste es mayor cuanto más a largo plazo se realiza y, especialmente, en zonas de orografía compleja, por lo que es recomendable consultar varias fuentes de información y más de un modelo de predicción.

No debemos iniciar ninguna excursión sin consultar la previsión meteorológica.

Foto 52: El arco iris.

3b.- Las comunicaciones de emergencia en la montaña

Poder comunicarnos es importante cuando estamos en la montaña. Especialmente en caso de ocurrir algún accidente o incidente.

La generalización de la telefonía móvil y su desarrollo tecnológico han sido un gran avance para la seguridad en las actividades en el medio natural, y es actualmente la principal forma de comunicarnos en ese entorno.

Foto 53.

Por eso, en nuestras salidas debemos llevar siempre un teléfono móvil con su batería bien cargada, y si fuera preciso, una batería externa o "power bank".

Cierto que la orografía quebrada de muchas zonas, y la lejanía de núcleos de población, hace que en el monte la calidad de las comunicaciones telefónicas pueda ser pobre, o nula, pero sigue siendo nuestra mejor opción en la mayoría de los casos.

info:

https://www.nperf.com/es/map/ES/-/-/ signal?ll=20&lg=0&zoom=3

Es importante saber que ante una llamada al número de emergencias 112 todas las compañías de telefonía están obligadas a gestionarla, incluso si nuestro contrato no es con ellas.

Eso hace que en lugares en que no tenemos cobertura de la nuestra para una llamada normal, quizás podamos contactar con Emergencias a través de otra.

En la pantalla veremos el mensaje "Solo emergencias". En caso de necesidad, debemos marcar el número 112 y esperar respuesta.

Las comunicaciones telefónicas con el 112 solo son de voz, pero si es preciso, este servicio de emergencias, desde otro número, nos enviará un mensaje, de WhatsApp, por ejemplo, identificándose y nos solicitará la "Ubicación actual" o cualquier otra información precisa para ayudarnos.

En caso de no conseguir ninguna comunicación desde el punto en que estamos, debemos buscar un lugar elevado y lo más despejado posible hacía poblaciones, estaciones de esquí o carreteras importantes.

Las compañías de telefonía dirigen preferentemente sus instalaciones repetidoras a esas áreas.

Un par de consejos más:

Además del gasto extra de energía eléctrica para obtener fotografías o grabar vídeos de nuestra actividad en montaña, las baterías de los teléfonos duran menos cuando nos movemos por zonas remotas.

Foto 54: Programa de información meteorológica.

Para conseguir enlazar con antenas repetidoras, tienen que emitir señales de contacto con mayor frecuencia que cuando estamos en zonas de buena cobertura, y gastan más batería.

Otro de los motivos de que podamos quedarnos antes sin energía es el frío.

Si llevamos el teléfono en algún bolsillo exterior, el frío reducirá el rendimiento de su batería, por lo que puede ser interesante contar con alguna carga externa, y si esta tiene placa solar o cargador por dinamo, mejor. Especialmente para viajes largos en autonomía.

Una manera de alargar la vida de la batería es poniendo el teléfono en "Modo avión" cuando transitamos por lugares sin cobertura.

A cambio de no poder recibir llamadas hasta que anulemos esa modalidad, la batería durará más y seguiremos pudiendo utilizar aplicaciones importantes del teléfono en montaña, como las de GPS, cartografía, brújula o cámara, por ejemplo.

Debemos tener en cuenta que la mayoría de las llamadas de emergencia se realizan a media tarde o inicio del ocaso, cuando vemos que no podemos solucionar la incidencia por nuestros medios, y a esas alturas de la jornada la batería estará presumiblemente baja, si no hacemos algo para conservarla.

En zonas muy remotas, podemos comunicarnos utilizando teléfonos satelitales, cuyas señales son captadas y retransmitidas mediante redes de satélites de comunicaciones, que pueden ser de órbita baja, a unos 800 Km de altitud, o geoestacionarios, a unos 36.000 Km de la tierra.

Tal es el caso de las redes Iridium, Inmarsat y Thuraya.

Foto 55: Comunicación mediante red de satélites desde un campo de altura.

Nos permiten comunicaciones fiables en prácticamente cualquier lugar del mundo, mereciendo la pena estudiar la calidad de su cobertura en nuestras zonas preferidas del planeta antes de decidirnos por una opción.

El avance de la tecnología en este campo es tal que podemos, por ejemplo, convertir nuestro teléfono habitual en un teléfono satelital mediante la adición de un adaptador con batería y antena retráctil denominado Thuraya SatSleeve+.

Otra opción para comunicarnos, muy utilizada antaño hasta ser desplazada por la telefonía móvil, es el uso de los "walky-talkys".

Son reducidos emisores-receptores que utilizan ondas de radio para comunicarse. Los hay de frecuencias de uso exclusivo para personas con autorización administrativa, y otros que trabajan en frecuencias de libre uso.

Foto 56: Talky de radioaficionado y PMR.

Los de este segundo grupo, denominados PMR (Private Mobile Radio), funcionan en frecuencias entre 446 y 446,200 MHz, lo que equivale a ondas de 70 cm de amplitud.

La posibilidad de utilizar legalmente ese tipo de aparatos y su reducido coste han hecho que cada vez sean más utilizados. En este caso no solo para situaciones de emergencia, sino también para solicitar informaciones diversas o simplemente disfrutar de contactar con otras personas y lugares.

Desde hace un tiempo, en estas frecuencias se promueve la iniciativa Canal 7-7 como otra opción de comunicaciones en montaña.

Consiste en sintonizar la frecuencia del canal 7 (446,08125 MHz) y añadir el subtono 7 (85,4 Hz).

El subtono es un recurso para evitar interferencias de otras transmisiones que no coincidan con nuestro ajuste.

Estos talkys tienen limitada su potencia máxima de emisión a 500 mW lo que permite esperar comunicaciones a distancias de unos pocos kilómetros, aunque en ocasiones la interposición de obstáculos puede reducirla a apenas unos centenares de metros.

Sin embargo, entre lugares altos y despejados son posibles contactos a más de 150 Km, y condiciones excepcionalmente buenas pueden alargar esa distancia hasta más de 500 Km.

La PMR no es la única opción que las ondas de radio nos ofrecen para comunicarnos en montaña. De hecho, existen otras frecuencias útiles.

Por ejemplo, las que utilizan muchos refugios guardados, o las asignadas a los repetidores de radioaficionados.

Para utilizar legalmente algunas de esas frecuencias es necesario tener una licencia administrativa, pero la que usan los refugios ha sido autorizada para uso público por Protección Civil.

De hecho, parte de ellos tienen sus emisoras a la escucha en la frecuencia 146,175 MHz con el subtono 123 Hz, dispuestos a atender llamadas de emergencia que pudieran tener lugar en sus valles y cuencas cercanas, en muchos casos, sin cobertura telefónica.

Además, en algunos refugios no guardados podemos encontrar equipos de "radiosocorro" autónomos. Se trata de emisoras de uso sencillo que nos permiten contactar con los servicios de emergencia.

También podemos encontrar esa misma ayuda en refugios temporalmente guardados, cuando están fuera de su periodo de apertura.

Foto 57: Comunicación entre el Campo Base del K2 y los Campos de altura.

Si programamos recorridos por zonas de montaña de baja o mala cobertura telefónica, es importante conocer la posible disponibilidad de estos equipos.

Para las personas que tienen la licencia necesaria hay un par de opciones más para contactar con los servicios de emergencia a través de una tercera persona.

Se trata de intentar enlazar con radioaficionados a la escucha en alguna de las frecuencias de llamada habituales o, como segunda y mejor opción aún, acceder a los repetidores que las asociaciones de radioafición instalan en ciertas cimas, en su afán de comunicarse con colegas a la mayor distancia posible.

Foto 58: Instalación de radio de la expedición Bizkaia-Medio Ambiente Everest-97.

A esa persona contactada le pediremos que actúe de puente con los servicios de emergencias mediante su llamada al 112.

En la web de la URE (Unión Española de Radioaficionados)

https://www.ure.es/repetidores/

info:

podemos encontrar la ubicación de estas instalaciones, tanto en la banda de 144 MHz como en la de 432 MHz, así como sus frecuencias de recepción y emisión.

Aunque su uso es exclusivo para personas con licencia, pueden ser muy útiles en caso de necesidad urgente.

Debemos tener claro que, ante una situación de emergencia, en montaña o fuera de ella, lo fundamental es conseguir ayuda para solventar el problema, y la "gente de la radio" siempre está dispuesta a prestarla.

Los aspectos administrativos podrán esperar.

3c.- Cómo saber y comunicar dónde estamos

En el medio natural, si ocurre algo grave, necesitaremos solicitar ayuda externa, para nosotros o para quien la precise y no pueda lograrla por sus medios. Y querremos que llegue pronto.

Para ello es fundamental poder indicar dónde estamos con la mayor precisión posible.

Tal como ya hemos descrito, hoy en día contamos con los teléfonos móviles como principal recurso para realizar esa llamada de emergencia.

Gracias al desarrollo e implementación del sistema AML (sistema de Localización Móvil Avanzada) en buena parte de los centros de Emergencias del 112 español y en más de 25 países de todo el mundo, las llamadas recibidas son geolocalizadas con buena precisión, reduciendo considerablemente el tamaño del área de búsqueda.

Pero mientras se extiende esa posibilidad a todos los lugares, es conveniente que sepamos aprovechar el teléfono para conocer y facilitar nuestra ubicación, especialmente en zonas carentes de tal tecnología.

Vamos a recurrir a un par de aplicaciones de uso habitual, como son Google Maps y WhatsApp, que incluyen opciones con esa posibilidad.

Veamos cómo utilizarlas utilizando las versiones en uso en este momento (2025):

Google Maps calcula nuestra posición a partir de la información de los satélites GPS, de redes Wi-Fi y de torres de telefonía.

Foto 59: Centro de Coordinación de SOS Deia 112.

Para el fin que nos ocupa, en primer lugar, debemos tener activada la "Ubicación" en nuestro teléfono y, preferiblemente, la opción "Alta precisión", que en los aparatos con sistema operativo Android encontraremos siguiendo en "Ajustes" la pestaña de "Seguridad y ubicación", y "Ubicación".

En los teléfonos que trabajan con el sistema operativo IOS, como es el caso de Apple, la ruta a seguir para activar la localización comienza en Ajustes > Privacidad y seguridad > Localización.

En cualquier caso, en las llamadas de emergencia realizadas con teléfonos iPhone la información de localización puede ser utilizada por las autoridades aun no teniéndola activada.

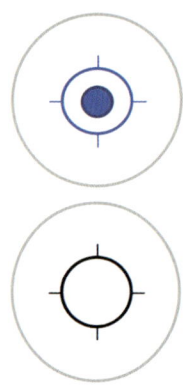

Figura 60.

Siguiendo con los ejemplos propuestos para Android, abrimos Google Maps y veremos que hay un punto azul con un halo blanco en el centro de la pantalla. Es el lugar en que estamos.

Si no lo vemos, tocaremos el símbolo redondeado de "Ubicación", situado en la zona inferior derecha de la pantalla. Eso hará que sobre el mapa aparezca ese punto, a la vez que el símbolo cambia a color azul, con un relleno interior.

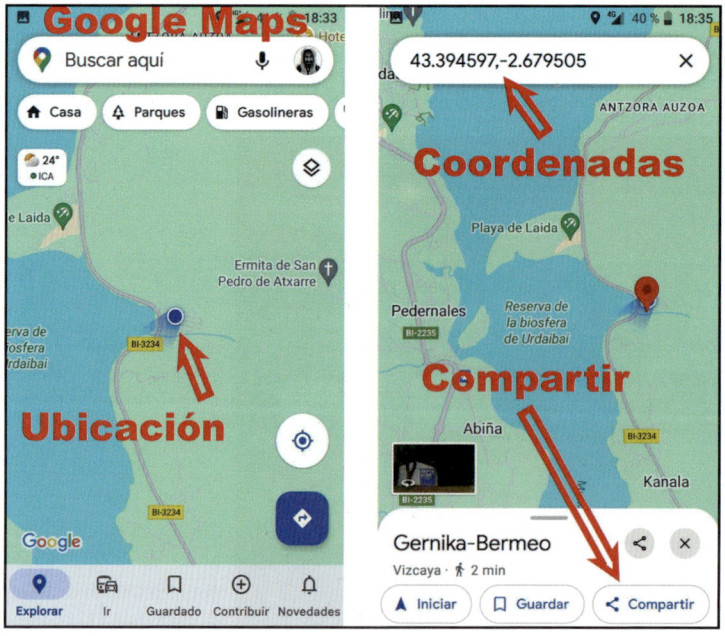

Imagen 61.

Es conveniente esperar unos segundos para que la recepción de señales ayude a mejorar la precisión. Además, ampliaremos el zoom de la pantalla.

Mantendremos pulsado un par de segundos el círculo azul del mapa que señala nuestra ubicación, y veremos que en la zona superior, de escritura, aparecerán dos cifras con muchos decimales, separadas por una coma.

Se trata de las coordenadas en las que estamos, expresadas por defecto en grados decimales.

Al mismo tiempo, en la barra inferior de la pantalla aparecerán varias opciones: "Cómo llegar", "Iniciar", "Guardar" y, deslizándolas hacía la izquierda, aparecerá también la posibilidad de "Compartir" esas coordenadas.

Pulsando ese icono se nos ofrecerán las opciones de utilizar WhatsApp, Mensajes SMS, Copiar en portapapeles, enviarlas por correo electrónico, etc.

También podemos anotarlas o leérselas a la persona del 112 con quien hablamos.

Otra forma de indicar dónde estamos es mediante la aplicación WhatsApp.

Para ello, ocasionalmente, desde el 112 nos enviarán un mensaje mediante esa aplicación, identificándose.

Si respondemos, veremos que junto a la zona de escritura aparece un clip.

Pulsando sobre él se abrirán varias opciones. Elegiremos "Ubicación", y se nos ofrecerán varias alternativas entre las que escogeremos "Enviar tu ubicación actual".

Es conveniente esperar unos segundos antes de pulsar esa opción, y veremos que el margen de precisión de nuestra localización, que aparece bajo el texto, irá mejorando hasta ser en torno a 10 metros o menor.

Imagen 62.

Cuando nos parezca suficientemente fiable, tocaremos el texto y enviaremos esa información que servirá para que nos localicen en el menor tiempo posible.

Advertimos de que posibles cambios en la configuración de esas aplicaciones pueden hacer que sea preciso modificar el procedimiento, por lo que aconsejamos revisarlas periódicamente.

Por fortuna, esas no son las únicas formas de facilitar nuestra búsqueda.

Existen aplicaciones para teléfonos móviles capaces de compartir directamente con los recursos de Emergencias nuestra posición.

Se trata, por ejemplo, de "112 SOS Deiak", habilitada para contactar con los Centros de Coordinación de Emergencias de Euskadi, "My112", de Telefónica Soluciones, o "AlertCops", dependiente de la Subdirección General de Sistemas de Información y Comunicaciones para la Seguridad (SGSICS), del Ministerio del Interior de España.

Algunas de ellas incluyen funciones de seguimiento que permiten agilizar la localización en lugares con pobre cobertura de telefonía, al ir dejando un rastro (track) de nuestro desplazamiento en las zonas favorables.

Con esa opción activada, incluso en una situación invalidante, como una pérdida de conocimiento o una fractura que nos inmovilice en un lugar sin cobertura, nuestra localización será más rápida y sencilla, al poder seguir el "track" cuando alguien nos eche en falta.

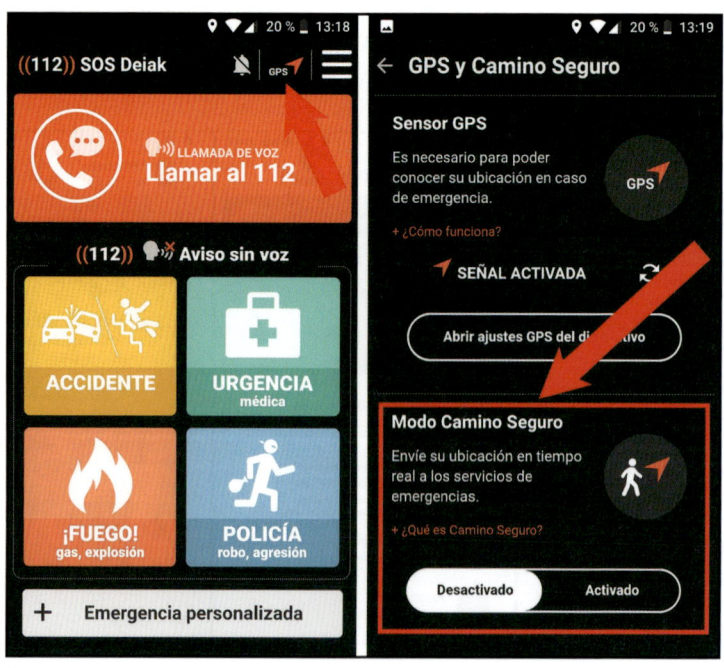

Imagen 63.

Finalizaremos este capítulo de las comunicaciones con los servicios de Emergencia describiendo las PLB o Radiobalizas de Localización Personal.

https://es.wikipedia.org/wiki/Radiobaliza_de_emergencia

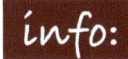

Foto 64: Botón de emergencia.

Se trata de equipos transmisores y receptores que se comunican mediante redes de satélites, públicas o privadas, con cobertura prácticamente mundial, como la ya citada Iridium.

Básicamente, permiten emitir un aviso de alarma desde cualquier punto que veamos el cielo en caso de que necesitemos ayuda exterior, aunque los hay que pueden además recibir mensajes personales o partes meteorológicos, y emitir nuestra posición de forma regular, a intervalos que podemos seleccionar.

Todo ello en función de las prestaciones del equipo y de los servicios que tengamos contratados, porque la asistencia mediante algunos de estos aparatos es de pago.

También existen otros que son gratuitos, previo registro en el sistema, y atendidos por agencias estatales.

En caso de disponer de ellas, es conveniente llevar las radiobalizas en lugares altos y despejados de nuestra mochila o cuerpo, para mejorar la calidad de emisión y recepción de sus señales.

Los rápidos cambios tecnológicos nos obligan a recomendar un repaso y actualización regular de todos estos sistemas que aportan seguridad a nuestras actividades en la montaña.

Foto 65: Radiobaliza.

3d.- Cómo actuar ante una emergencia en montaña

Cuando algo grave ocurre en la montaña se genera una situación angustiosa, pero es imprescindible actuar con serenidad y objetividad para hacerlo de forma eficaz.
https://www.insst.es/documentacion/colecciones-tecnicas/ntp-notas-tecnicas-de-prevencion/11-serie-ntp-numeros-366-a-400-ano-1996/ntp-390-la-conducta-humana-ante-situaciones-de-emergencia-analisis-de-proceso-en-la-conducta-individual

¿Qué debemos hacer ante ese imprevisto?

El acrónimo **PAS** nos ayudará a organizar nuestra intervención.

Se trata de las iniciales de **"Proteger"**, **"Alertar"** y **"Socorrer"**, acciones que deben ser realizadas en ese orden.

En primer lugar, protegeremos a quien o quienes han sufrido el accidente o incidente y al resto de personas presentes en el lugar.

Por ejemplo: si se ha producido una caída de piedras lesionando a alguien, la protección consistirá en apartar de la zona de peligro a esa persona y a quienes le ayudan.

Si se trata de un accidente de esquí con alguien inmovilizado en la nieve, balizaremos la zona superior para avisar a quien se acerque y proteger así al grupo que presta asistencia.

La protección ambiental, del calor, el viento o del frío, también entra en ese primer punto.

info:

Foto 66: Primera intervención: proteger.

En esa fase procuraremos hacernos una idea lo más completa posible de lo ocurrido y de sus consecuencias. Además, pediremos datos de la persona o personas afectadas, como nombre, teléfonos de contacto, etc.

En la segunda fase debemos "Alertar" a los Servicios de Emergencias. Llamaremos al 112.

Sus técnicos nos irán haciendo una serie de preguntas cuyo objetivo es recabar la información detallada de lo que ha pasado para poner en marcha los recursos adecuados y solucionar la situación.

Nos identificaremos y, con serenidad, describiremos lo ocurrido.

La información de interés que podemos aportar es:

• Quiénes somos.

• Descripción de lo que ha ocurrido.

• Número de personas afectadas y estado de las mismas. Edad, condiciones en que se encuentran y cómo es su equipamiento.

• Datos de identificación de la persona o personas accidentadas.

• Dónde estamos: nombre del lugar o, mejor, coordenadas gps del mismo.

• Hora en que ha ocurrido el percance.

• Descripción del lugar del accidente: acceso fácil o difícil, en pared, barranco, …

• Condiciones meteorológicas en la zona.

• Persona de contacto, número de teléfono y otras posibilidades de comunicación. En muchos casos esta será la primera información. Por si la comunicación se corta.

• También es de ayuda indicar si en el lugar hay gente con experiencia en técnicas de montaña, en socorrismo, en guiar el aterrizaje de un helicóptero, etc.

Cuando acabe la conversación, dejaremos de usar el teléfono para poder contestar a cualquier llamada adicional del 112 y para conservar la batería.

Llegamos así al tercer punto del **"PAS"**: **Socorrer**.

Foto 67: Rescate en el Pumori, 1997.

Dado que somos quienes más cerca estamos del problema, en función de nuestros conocimientos en primeros auxilios y de los medios disponibles, prestaremos la primera asistencia.

Foto 68: Vehículo de rescate.

Debemos evitar actuar de forma precipitada, o si desconocemos cómo hacerlo, así como reducir al mínimo imprescindible las movilizaciones.

Aunque nos parezca poco, incluso careciendo de formación sanitaria, podremos aportar calor, calma y consuelo hasta que la ayuda profesional llegue.

En ocasiones, varias personas presentes en el lugar del accidente pueden estar capacitadas para intervenir.

En tal caso, repartiremos entre ellas las funciones descritas del protocolo **"PAS"** para realizarlas de forma simultánea y coordinada, con lo que la gestión del accidente será más rápida.

Tras la llamada a emergencias aparece un periodo de espera que siempre se nos hará largo, así como un "bajón" anímico al disminuir la adrenalina secretada por el organismo en una situación de gran tensión.

Foto 69: Señalizando el lugar de posado.

Pero podemos utilizar ese tiempo para dos cosas: acomodar lo mejor posible a la persona o personas accidentadas, y facilitar el trabajo de los equipos de rescate.

En el primer aspecto, podemos mejorar el confort, añadiendo protección del viento, del calor o del frío, acolchando el suelo sobre el que reposa, etc.

Respecto a los grupos de rescate, si van a venir por tierra, podemos enviar a alguien a cualquier zona del camino que pueda llevar a equivocación, para establecer un primer contacto que será tranquilizador para todos.

En caso de que la ayuda "llegue del cielo", buscaremos una zona próxima al accidente en la que el helicóptero pueda tomar tierra, o bajar a su personal con maniobras de grúa, eliminaremos piedras que puedan dificultar el posado y, si podemos, balizaremos el lugar con elementos que no salgan volando por efecto de las aspas.

Las condiciones ideales para la zona de aterrizaje son:
• Superficie horizontal de unos 30 metros de diámetro.
• Terreno firme. A ser posible, asfalto, cemento o hierba.
• Que no esté en hondonada.
• Sin proximidad de postes, cables, antenas, árboles, edificios, cercas, etc, especialmente en la dirección hacia dónde va el viento.
• Lo más limpia posible de piedras, gravilla fina, plásticos o cualquier cosa suelta que pueda entrar en la turbina.

La instalación de un cataviento será de ayuda para el piloto, y podemos improvisarlo mediante una tira de papel higiénico o una bolsa de plástico cortada en espiral. Con ellas formaremos una larga tira que sujetaremos a alguna rama cercana, o a un bastón bien clavado en el suelo.

Cuando su proximidad sea evidente, alguien con experiencia y vistiendo de forma llamativa, podrá utilizar ciertas señales para indicar que se necesita ayuda, e incluso para dirigir la toma de tierra.

Solo esa persona realizará señales para llamar la atención de los grupos de socorro.

Nadie se acercará al aparato hasta que así lo indiquen los profesionales del rescate y siempre se hará por la zona anterior del helicóptero, a la vista del piloto.

Aprender bien ese proceso puede salvar vidas y proporcionarnos la satisfacción inmensa de ayudar a quien lo necesita.

Foto 70: Rescate en Picos de Europa, 2023. Travesía Regil.

3e.- Causas más frecuentes de los accidentes e incidentes

Salir del controlado entorno urbanizado tiene riesgos, y su conocimiento es una buena forma de limitarlos.

Foto 71: Paso peligroso en la Foz de Arbaiun.

Para empezar, no debemos confundir "fácil" con "seguro".

Muchos de los accidentes en montaña tienen lugar en zonas sencillas… ¡pero peligrosas!

Senderos amplios y lisos, pero al borde de acantilados; zonas sin dificultad técnica, pero en terreno agreste, …

Es en ese tipo de lugares, y no en los que son evidentemente difíciles, donde relajamos la atención y surgen muchos accidentes.

Porque fácil no es sinónimo de seguro.

En montaña, este tipo de eventos no deseados se clasifica en incidentes y accidentes.

Un incidente es un acontecimiento repentino e inesperado que pone en riesgo la integridad de quien lo sufre, aunque después no ocurra nada.

Cuando el incidente da lugar a lesiones, enfermedades o a consecuencias fatales, hablamos de accidente.

Por ejemplo: perdernos en la niebla, deambular sin rumbo y tener que pasar una noche a la intemperie es un incidente.

Pero si como consecuencia de esa desorientación caemos en una grieta y nos rompemos un tobillo, o sufrimos una hipotermia, hablaremos de accidentes.

Analizando las intervenciones de diversos grupos de rescate en montaña vemos que el senderismo es la actividad en la que más incidentes y accidentes ocurren.

No por su riesgo objetivo, sino por ser la más practicada.

Las caídas al mismo nivel, (tropezones, por ejemplo), son la causa más frecuente de accidente, mientras los extravíos predominan entre los incidentes.

Foto 72: La niebla propicia los incidentes, como extravíos.

En cuanto a los motivos por los que ocurren accidentes e incidentes en montaña son:

- La falta de experiencia
- Sobrevaloración de la capacidad y conocimientos propios
- Equipo o vestuario inadecuado
- Agravamiento de enfermedades previas
- Deficiente preparación física o técnica
- Hidratación o alimentación incorrectas
- Fenómenos naturales

A la hora de analizar esos desencadenantes, en la EMF encontramos que en un 15% de los casos se trata de causas objetivas, como las condiciones del terreno o la situación atmosférica, mientras en el 85% restante hay causas subjetivas, tal como errores en la elección y uso del material o en la toma de decisiones.

Para afrontar los riesgos y disminuir su incidencia, la formación y la información son los mejores pilares.

Foto 73: Esguince de tobillo.

3f.- ¿Qué llevar en el botiquín?

Hay muchas respuestas para esta pregunta.

Tantas como individuos, lugares y estaciones del año hay.

No sirven los mismos contenidos para todas las personas, puesto que algunas son alérgicas a ciertos productos, ni llevaremos lo mismo a un viaje a zonas remotas que al lado de casa.

Incluso la estación del año influye en la composición del botiquín: en invierno quizás nos sobre el repelente de mosquitos o el amoniaco para tratar sus picaduras, pero podemos necesitar algo para tratar congelaciones.

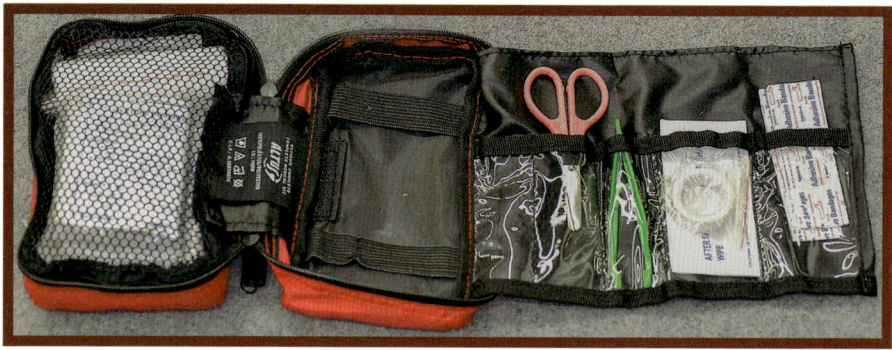

Foto 74: Botiquín básico comercializado.

También los conocimientos y responsabilidades de quien va a utilizar dicho botiquín harán que su composición cambie.

De hecho, incluso para ir al mismo lugar, será diferente el de una persona montañera que el de alguien con formación de guía o con titulación sanitaria.

Pero hay detalles que serán comunes a todos esos casos. Veamos cuáles:

El tamaño del botiquín debe ser lo más reducido posible y evitaremos cargar con elementos que puedan sustituirse fácilmente por otros que ya llevamos.

Por ejemplo: si no somos sanitarios, no llevaremos tijeras si contamos con una navaja multiusos.

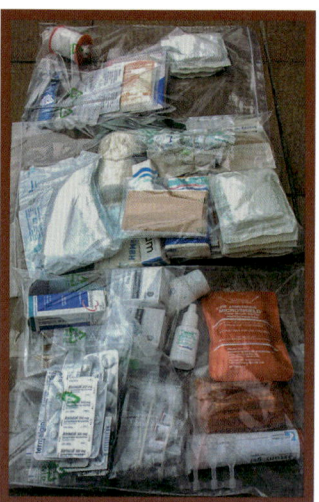

Foto 75: Botiquín con material para personal sanitario.

Además, conviene que pongamos todo en un contenedor resistente, pero de poco peso.

Es habitual utilizar cajas ligeras, de plástico, aluminio o carteras de cordura, pero también puede servirnos una ligera y barata bolsa estanca transparente, si procuramos protegerla de golpes y apreturas.

Solo llevaremos productos de probada eficacia, fáciles de manejar y en formatos que soporten el entorno de montaña.

Por ejemplo, las ampollas de cristal son frágiles y pueden congelarse, luego será mejor utilizar sustancias similares, pero en forma de comprimidos o cápsulas.

Si no tenemos experiencia, conviene incluir un listado indicando para qué sirve cada producto y cómo utilizarlo.

Reduciremos el peso y el volumen retirando los envases no imprescindibles (cajas de cartón) y llevaremos solo una cantidad reducida de cada cosa. Suficiente para el tiempo que durará el viaje.

Veamos algunos elementos básicos del botiquín aconsejable para una persona no sanitaria que realice excursiones de un solo día.

MATERIAL PARA CURAS
- Desinfectante (Cristalmina©).
- Esparadrapo de tela de 5 cm de ancho.
- Gasas estériles.
- Guantes estériles.
- Pinza.
- Suero fisiológico ampollas de 5 ml (para limpieza).
- Tiras de aproximación de bordes.
- Tiritas en varios tamaños.
- Venda elástica 10x10 y 5x10 cm.

MEDICAMENTOS
- Anti-inflamatorio y analgésico (Ibuprofeno comp. 400 mg)
- Colirio anestésico (lesiones oculares, y solo hasta obtener ayuda experta).
- Fenistil gel© (para picaduras de insectos).
- Glucosa en comprimidos (en caso de agotamiento).

OTROS ELEMENTOS
- Manta de emergencia.
- Protector solar cutáneo y labial.
- Válvula anti-retorno para hacer RCP (Reanimación Cardio Pulmonar).

La lista es ampliable en caso de que el botiquín sea para actividades de larga duración, grupos o viajes a zonas de altitud o temperaturas extremas, de la misma forma que debiera ser personalizada en función de cualquier enfermedad o alergia padecida por alguna de las personas participantes.

Antes de cualquier actividad exigente o lejos de zonas con asistencia sanitaria garantizada, es deseable contar con la colaboración de profesionales con experiencia en Medicina de montaña para diseñar "a medida" el botiquín que nos acompañará.

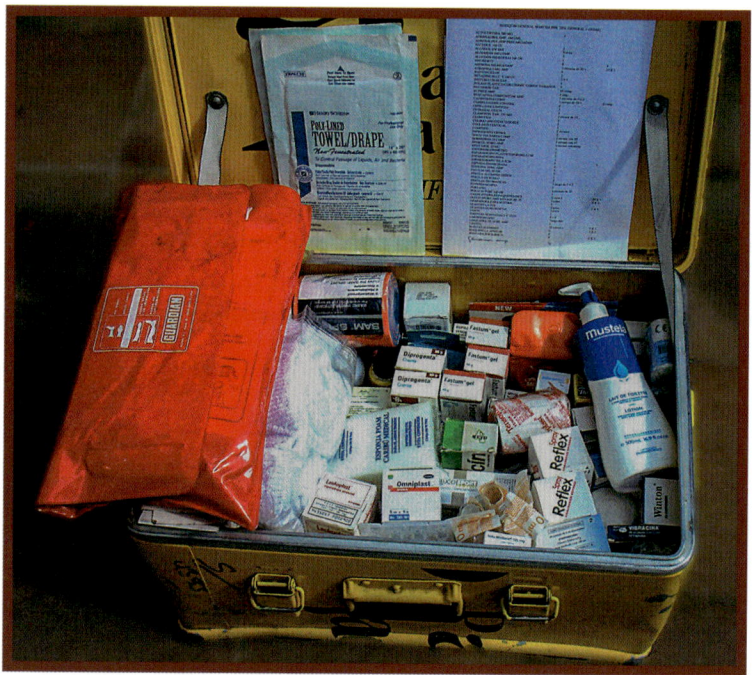

Foto 76: Botiquín para una expedición.

En esta página podremos descargar un archivo de la Comisión Internacional de Salvamento Alpino con sugerencias para montar un botiquín destinado a personas montañeras, guías e incluso médicos de montaña:

https://www.alpine-rescue.org/articles/45--a-modu-lar-first-aid-kit-for-alpinists-mountain-guides-and-alpinist-physicians

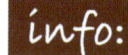 

3g.- La manta de emergencia

Foto 77: Distintos modelos de manta de salvamento.

La manta de emergencia, supervivencia o salvamento es un elemento de seguridad que siempre debe estar en nuestra mochila.

Se trata de una lámina de tereftalato de polietileno o mylar que fue desarrollada por la NASA con el fin de proteger del frío y el calor algunas piezas de las naves espaciales, para lo que se recubre una o ambas caras con una finísima capa de aluminio.

En muchos modelos, una de las caras es plateada, por lo que rechaza en torno al 80% - 90% de las radiaciones que recibe, mientras la otra es dorada y capaz de captar el calor de los rayos solares.

La protección frente al frío y el calor no es el único servicio que nos puede aportar la manta de emergencia. Gracias a su brillo, es también un excelente medio para hacernos ver, aunque su capacidad de aislamiento pudiera anular o reducir las opciones de que nos encuentren mediante cámaras termográficas.

Foto 78: "Punto caliente" realizado cavando en la nieve y con mantas de emergencia para proteger a una persona accidentada hasta su evacuación.

Si tenemos que proteger a una persona del frío, la envolveremos con la cara plateada hacia su cuerpo y evitando dejar zonas abiertas.

De esa forma, casi todas las pérdidas de calor de su organismo serán reflejadas hacia él mismo por la lámina y, si está envuelto en ella, calentará el aire que le rodea y reducirá las pérdidas térmicas, retrasando una posible hipotermia.

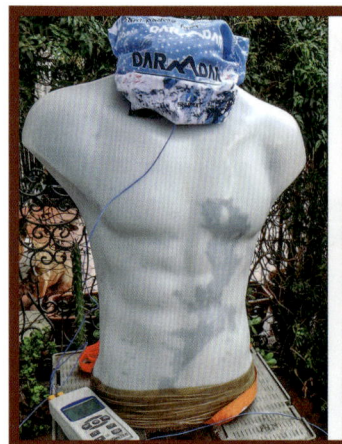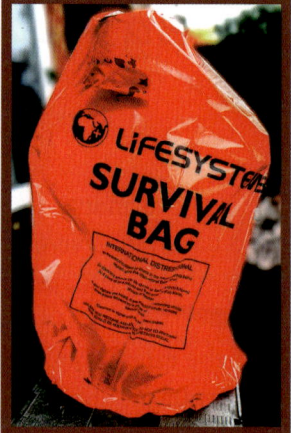

Foto 79.   Foto 80: Bolsa de supervivencia.

En cambio, si tenemos que protegerla del calor solar, situaremos a esa persona a la sombra de la manta con la capa plateada hacia el sol y dejaremos que el aire corra entre ambos. Con ello, se reflejará la mayor parte de la radiación y el cuerpo se refrigerará, evitando una hipertermia o golpe de calor.

Para comprobar la eficacia de este sencillo y barato elemento de protección, realizamos un experimento con un maniquí de busto humano relleno con 20 litros de agua a 37ºC.

Con el maniquí desnudo y en un ambiente a 2ºC, en dos horas la temperatura interna bajó 10,3ºC, mientras protegido por esa finísima capa metalizada, la pérdida en esas mismas dos horas fue de 5,4ºC.

Conviene recordar la gran diferencia de pronóstico que hay entre una persona con una temperatura central de unos 27ºC y otra cuyo calor interno se mantenga a unos 32ºC.

Es importante aprender a colocar bien la manta de emergencia, evitando dejar zonas abiertas.

Veamos cómo utilizarla:

info:

https://www.youtube.com/watch?v=GP5UxZsLwkA

Además de mejorar nuestra visibilidad y reducir las pérdidas de calor, la manta de emergencia sirve para protegernos de la lluvia y también del viento. Ambos factores son capaces de aumentar las pérdidas de calor al mojar nuestras prendas, y por convección, respectivamente.

Por lo tanto, recomendamos incluir la manta de emergencia o saco de supervivencia entre los elementos de seguridad a llevar con nosotros.

74

4) calzado y vestuario

Foto 81

4a.- El calzado de montaña

U na buena elección del calzado es fundamental para disfrutar de las excursiones por la montaña.

Sus funciones son:

- Proteger
    o De las irregularidades del terreno
    o Del frío
    o Del calor y radiaciones solares

- Amortiguar
    o Los impactos en cada paso
    o Las presiones localizadas

- Mejorar la adherencia

- Mejorar la estabilidad

Foto 82.

A la hora de escoger qué tipo de calzado compraremos, debemos pensar cuál será su uso prioritario, cómo son nuestros pies y si tenemos o no esguinces o apoyos plantares anómalos.

El mercado nos ofrece opciones para cubrir todas esas variables, incluida la del género de la persona usuaria, con diferencias en la anchura y altura del talón y otros detalles entre el calzado femenino y el masculino, pero hay que saber elegir.

Si nuestra actividad fundamental es la competición, debemos saber que aligerar el peso del calzado mejorará nuestro rendimiento de forma sustancial.

Sin embargo, la ligereza suele conllevar menor protección, por lo que será negativa si padecemos esguinces con cierta facilidad, tenemos pies delicados, o con apoyo inestable.

Foto 83.

En esos casos será preferible un calzado más alto y protector, aunque suponga mayor peso.

Debemos saber también que no siempre ambos pies son iguales entre sí, y que su tamaño cambia con las horas que pasamos en vertical, con la actividad física y con la temperatura.

Desde que nos levantamos de la cama, los pies van aumentando su tamaño, por el líquido linfático que se acumula en ellos, especialmente cuando caminamos largo tiempo y cuando hace calor.

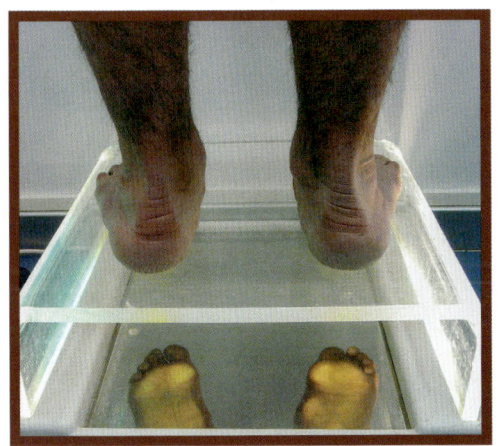

Foto 84: Analizar los pies para escoger bien el calzado.

Debemos tenerlo en cuenta a la hora de escoger bien la talla del calzado.

Si vamos a la tienda por la mañana y un día frío, condiciones que hacen que los pies tengan menor volumen, el calzado deberá dejarnos un espacio libre suficiente para que no suframos apreturas tras caminar unas horas en una jornada calurosa.

En cambio, si lo compramos al final de una tarde de calor o de horas de caminata, ese espacio deberá ser menor, porque tendremos ya los pies hinchados.

De esa forma, no se moverán en exceso dentro del calzado al andar.

La variación de tamaño depende de cada persona, pero por lo general, y según el momento y actividad del día, será conveniente dejar entre 8 y 12 milímetros de margen entre el dedo más largo y el interior de la puntera del calzado.

Para comprobar ese espacio podemos utilizar una especie de escuadras que hay en muchos comercios y que facilitan la medición del pie.

También podemos extraer la plantilla y pisar directamente sobre ella para ver si nos queda pequeña o sobresale en exceso.

Otra opción es introducir el pie en el calzado, sin atar y con los calcetines que esperamos emplear habitualmente, apoyar verticalmente la puntera en el suelo y comprobar en la zona del talón el margen que nos queda libre.

Elegir bien el calzado es fundamental para disfrutar de la montaña. Dedícale el tiempo necesario.

http://190.64.86.34:8090/bitstream/handle/20.500.12729/385/C%c3%a1mara.pdf?sequence=5&isAllowed=y

info:

78

Foto 85: Perfiles de suela para diferentes actividades.

4b.- Cómo atar el calzado

an importante como elegir el calzado es atarlo de forma adecuada y segura.

Al atar debemos conseguir que el calzado se adapte de forma íntima a los pies y acompañe todos sus movimientos, evitando desplazamientos parásitos que producirían rozaduras o ampollas.

Además, el cordaje o bandas que sirven para esa función deberán apoyarse en las zonas previstas para ello, sin comprimir tendones o venas.

Una vez decidido qué calcetines y calzado vamos a emplear en determinada actividad por la montaña, seguiremos el siguiente proceso:

• Introducimos el pie con su calcetín en la zapatilla o bota.

• Sin atarla, apoyamos el tacón contra el suelo, elevando la puntera y presionando hacía abajo con el talón.

• Manteniendo la posición, comenzaremos a tensar los primeros ojales o ganchos.

• La tensión adecuada sujetará el pie sin comprimirlo.

• A medida que tensamos los cordones, los sujetaremos con la otra mano para que no se aflojen.

Foto 86.

1- Tensamos ligeramente los cordones previamente aflojados para introducir el pie.

2- Talonamos encajando el pie en la parte posterior de la bota.

3- Comenzamos a tansar el cordón desde los primeros ojales

4- Bloqueamos el cordón para que no se destense.

5- Repetimos el proceso con los ojales superiores, manteniendo siempre el apoyo sobre el talón.

6- Hacemos lo mismo con los ganchos, posicionando la lengueta.

7- Atamos manteniendo la tensión y el talonamiento.

8- ¡Ya está!

Foto 87.

• Seguimos ese proceso por el empeine hacia arriba y manteniendo el apoyo sobre el tacón.

• Situamos bien la lengüeta.

• Atamos a nuestro gusto sin dejar que se destense.

En ciertas botas, la zona superior presenta ganchos en lugar de ojales. Esto facilita el atado, pero si dejamos lazadas amplias, puede ocurrir que se enreden con los ganchos de la bota contraria y provoquen una caída.

Por ello conviene reducir el tamaño de los lazos y sujetarlos hacia el lado exterior de cada bota o entre el cordaje del empeine.

Hay quien finaliza la atadura rodeando el puño de las botas, pero si no están diseñadas para ello, puede que el cordón comprima y roce en cada paso el tendón de Aquiles, con riesgo de producir una tendinitis.

Cada cierto tiempo de marcha es conveniente volver a tensar el atado.

Especialmente antes de iniciar descensos prolongados, para impedir que los dedos impacten contra el interior

Foto 88.

81

de la puntera, y antes de los ascensos, para evitar que el talón sufra rozaduras al elevarse parcialmente libre dentro del calzado.

Esa es la forma convencional de atarse el calzado de montaña, pero no la única.

Para aquellas personas que tengan un empeine muy abultado, o que prefieran tener mayor movilidad a nivel del tobillo, sin que el calzado quede flojo, diremos que es posible atar con diferente tensión en cada una de esas zonas, simplemente, insertando entre ambas un nudo plano, tal como se aprecia en las imágenes.

De esa forma tan sencilla podremos dejar floja alguna parte, evitando que sufra compresiones, y sujetar más tensa otra para que el calzado no se mueva en exceso y nos roce.

Otra opción sería la de saltar sin atar alguno de los ojeteros o ganchos de zonas prominentes, personalizando al máximo la sujeción de las botas en cada pie.

Con el calzado bien atado, el pie no se desplazará en su interior en cada zancada, ni sufrirá compresiones, reduciendo el riesgo de sufrir rozaduras o hematomas bajo las uñas, por ejemplo.

Foto 89: Alternativas de atado en caso de sufrir compresiones en el empeine.

4c.- Influencia del peso del calzado y lastres en los tobillos

El movimiento alternativo de los pies, con fases estáticas, de aceleración y de frenado, hace que el peso del calzado influya en gran manera en el esfuerzo de andar.

Por cada 100 gramos de peso extra en los pies, el gasto de calorías aumenta el equivalente a cargar entre 470 y 640 gramos más peso en el tronco.

Es por ello que en las modalidades competitivas practicadas en la montaña predomina el uso de calzado bajo y ligero.

Sin embargo, cuando el criterio dominante es la seguridad, debemos recordar que, aunque la marcha con ellas exija más esfuerzo, las botas ofrecen una protección extra a la articulación del tobillo. Una de las que más lesiones sufre al desplazarnos por terrenos irregulares.

Foto 90: Primeros clasificados en una carrera de montaña. Todos con calzado ligero.

1.514 gr.   1.414 gr.   1.674 gr.

Foto 91. Peso del par de botas

Y en caso de necesitar un equilibrio entre rendimiento y seguridad, podremos optar por las botas "mid" que muchas marcas incluyen en su gama de modelos.

En algunas ocasiones, andar tiene más objetivos que el de permitir desplazarnos a través de preciosos paisajes.

También es una forma de mejorar la condición física y de aumentar el gasto de calorías sobrantes.

Con esos dos objetivos, llevar peso extra en los pies, o en las muñecas, nos permite entrenar la fuerza en los respectivos grupos musculares afectados y aumenta el gasto calórico respecto a caminar sin ese lastre.

Foto 92

Por cada 100 gramos de peso suplementario, repartido en ambas piernas en forma de tobilleras lastradas, por ejemplo, gastamos casi un 1% más energía.

Siendo habitual que estos lastres sumen al menos unos 500 gramos, andar con ellos supondría casi un 5% más calorías quemadas en el mismo tiempo, sin olvidarnos de la ventaja añadida en cuanto a mejora de la fuerza muscular.

4d.- Los calcetines y las medias

on una de las prendas más modestas y, sin embargo, de gran importancia.

Sus funciones son:
- Proteger del frío
- Proteger de la presión
- Proteger del rozamiento
- Adaptar el tamaño de los pies y el calzado
- Facilitar la evacuación del sudor

Es conveniente recordar que se fabrican en diferentes tallas, por lo que el primer paso será escoger aquellos que mejor se adapten a nuestros pies.

Foto 93: Calcetines con diferentes tipos de tejido en función de la zona a cubrir.

Respecto al espesor, elegiremos unos más gruesos para las actividades invernales y otros más finos para las veraniegas, cuando los pies estarán más hinchados de linfa por el calor.

Para que un mismo calzado nos sirva en ambas situaciones, podemos jugar con el espesor de los calcetines y cambiando de plantillas.

Foto 94:
Detalle de una
costura plana.

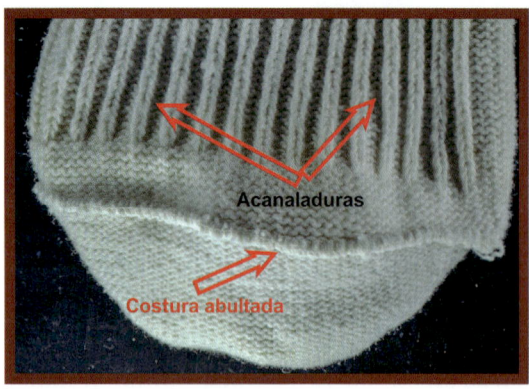

La opción es sustituir las habituales por otras más gruesas o más finas, en función de la temporada, o suplementarlas con otras finas y lisas bajo las habituales, si durante la época de calor queremos utilizar el mismo calzado con calcetines de menor espesor.

Volviendo a los calcetines, recomendamos sin duda los que no tienen costuras o las tienen planas, obviando de tal forma cualquier resalte o engrosamiento que pueda lastimarnos.

Evitaremos las acanaladuras u otros dibujos en relieve, destinados a dar elasticidad a la prenda, pero que pueden dificultar la circulación sanguínea venosa y hacer que los pies se hinchen y enfríen más.

Acanaladuras

Costura abultada

Foto 95.

También procuraremos que las gomas de ajuste, habituales en el extremo superior de los calcetines, no sean estrechas ni estén a tensión, porque dificultarán igualmente el retorno venoso.

Una alternativa al uso de calcetines consiste en utilizar medias, normales o de compresión.

En el primer caso, su ventaja es la de proteger mejor del frío, evitando que su efecto a nivel de

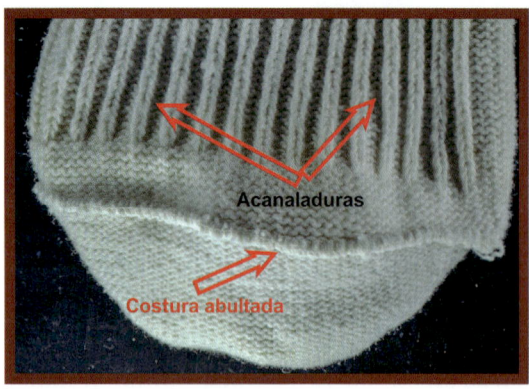

los tobillos reduzca el riego de sangre arterial a los pies por vasoconstricción periférica.

Respecto a las medias de compresión, cuyo uso es frecuente en competiciones de montaña, además de su protección térmica, tienen como ventaja la de facilitar el retorno linfático y venoso, haciendo que los pies se hinchen menos y que mejoren ligeramente los resultados a ritmos suaves de ejercicio.

No parece apreciarse tal ventaja a ritmos de competición, pero mejoran la recuperación, la inflamación y el drenaje una vez finalizado el esfuerzo.

Eso sí: hay que acertar con el grado de compresión más adecuado para cada persona.

Tanto los calcetines como las medias de buena calidad suelen

Foto 96.

presentar tejidos diferenciados en función de la zona que cubren, destinados los de zonas de apoyo a amortiguar la presión, los laterales al ajuste para evitar deslizamientos y al drenaje de sudor los de zonas intermedias, facilitando la expulsión del mismo a zonas ventiladas del tobillo, para su evaporación.

Recordaremos que las prendas húmedas aíslan menos del frío y que los pies poseen unas 250.000 glándulas sudoríparas.

Para finalizar, diremos que llevar unos calcetines de repuesto es una buena idea cuando las etapas son largas.

4e.- El vestuario para actividades en la montaña

Los seres humanos necesitamos recursos artificiales para protegernos de las condiciones ambientales en cuanto salimos de nuestra zona de confort.

Desde tiempos primitivos hemos recurrido a materiales de origen vegetal o animal para cubrirnos.

En la actualidad disponemos de una amplísima gama de tejidos para hacer frente a la lluvia, al viento, el frío, las radiaciones solares y otros agentes atmosféricos, especialmente extremos en algunas regiones de montaña.

¿Cómo vestirnos para este tipo de actividades?
https://www.forumsport.com/es-es/blogs/montana/como-vestirse-para-la-montana-en-invierno-tres-capas/

La recomendación habitual es hacerlo por capas, encomendando a cada una de ellas ciertas funciones concretas.

La primera, que está en contacto con nuestra piel, deberá ser agradable al tacto y carecer de costuras abultadas que, bajo presión, humedad y rozamiento, pueden producirnos heridas o irritaciones.

Foto 97

Es importante la respuesta de estas prendas ante el sudor producido durante el ejercicio, ya que la ropa húmeda pierde una gran parte de su capacidad de aislamiento térmico.

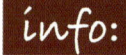

Por ello, se prefiere que estén fabricadas con tejidos hidrófobos, repelentes del sudor, e incluso capaces de evacuarlo mediante capilaridad a capas externas, manteniendo seca la piel.

Para facilitar esa función, en esta primera capa se recomienda usar tallas que nos queden ajustadas, facilitando la captación del sudor antes de que pueda deslizarse por el cuerpo hacia abajo y se acumule en zonas de menor ventilación.

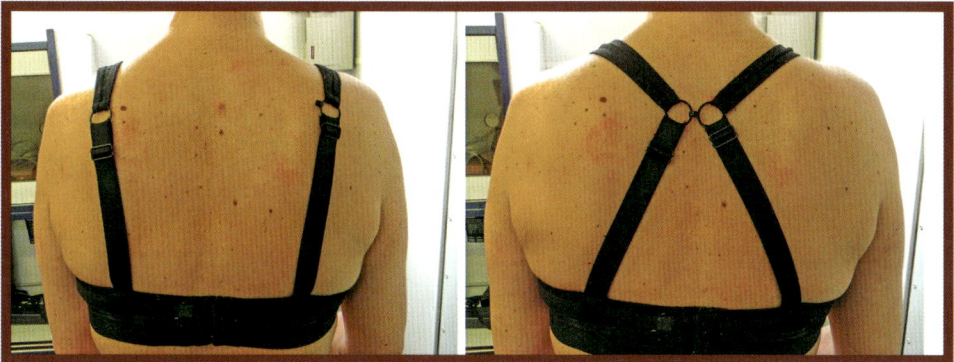

Foto 98

En el caso de utilizar camiseta de tirantes, estos deberán ser del menor espesor posible y sin rebordes, puesto que acentuarían la presión de la mochila en los hombros.

La misma recomendación sirve para el sujetador, cuyas posibles hebillas de ajuste deberán estar en zonas que no sean presionadas por los tirantes o la espaldera de la mochila.

A la segunda capa del vestuario le encomendaremos la protección frente al frío, acumulando la mayor cantidad de aire posible entre sus fibras, ya que es un excelente aislante.

En ocasiones esperamos también que sea capaz de evacuar el sudor recibido de la primera capa y que impida el paso del viento, para lo que estas prendas pueden estar dotadas de membranas denominadas "cortavientos".

Según realicemos actividades muy enérgicas o más tranquilas, podremos escoger entre materiales sintéticos y ligeros, que faciliten la ventilación durante el esfuerzo, u otros mucho más aislantes, como la pluma, apropiados para actividades de baja o media intensidad, o para fases de descanso.

https://www.forumsport.com/es-es/blogs/montana-na/tres-capas-asi-nos-protege-del-frio/

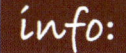 

Foto 99: Tejidos con membrana impermeable y transpirable.

A la tercera capa le encomendaremos la protección frente a la lluvia, la nieve y el viento, así como la transpirabilidad.

Desde hace años buena parte de esas cualidades se consiguen utilizando membranas de poros suficientemente pequeños para que el agua no penetre, pero bastante grandes para que las moléculas de vapor puedan atravesarlos y salir al exterior.

https://www.forumsport.com/es-es/blogs/montana/chaquetas-impermeables-de-montana-cual-es-la-diferencia-entre-2l-25l-o-3l/

info:

Su capacidad impermeable se mide expresando la altura de columna de agua que puede soportar el tejido sin que la humedad lo traspase.

Este cuadro nos aclara las opciones:

TIPO DE PRENDA	COLUMNA DE AGUA	APTO PARA
Resistente al agua	0 – 5.000 mm.	Lluvia o nieve ligera
Repelente al agua	6.000 – 9-000 mm.	Lluvia o nieve moderada
Impermeable	10.000 - 15.000 mm.	Lluvia o nieve intensa
Impermeable	16.000 – 19.000 mm.	Lluvia o nieve muy intensa
Impermeable	Más de 20.000 mm.	Protección extrema

Cuadro 100

No debemos olvidar que la práctica del montañismo puede ser muy enérgica y generar gran cantidad de calor corporal.

En esas condiciones es muy necesario que las membranas de las prendas que vestimos permitan que el sudor producido para refrigerarnos sea evacuado al exterior en forma de vapor, evitando que nos mojemos "desde dentro".

Esa cualidad se llama transpirabilidad, y se cuantifica controlando los gramos de vapor de sudor que un tejido deja pasar a través de una superficie de 1 metro cuadrado y durante 24 horas.

En el mercado actual encontramos membranas con valores de 10.000 y hasta de 30.000 gr/m2/24 h.

Cuanto mayor es la cifra, más apta es para realizar actividades muy intensas, en las que más sudaremos y, por lo tanto, agradeceremos esa cualidad.

Además de los tejidos empleados, también debemos tener en cuenta el diseño de las prendas para actividades en la montaña.

El tipo de cremalleras utilizado, las protecciones de los bolsillos, cierre de puños, refuerzos en zonas de rozamiento o presión, ventilación en zona axilar y otros detalles son fundamentales para que la ropa se adapte a las exigencias del entorno.

En cuanto a la talla, para la tercera capa es recomendable escoger una que nos quede algo holgada, de forma que, en caso de necesidad, podamos introducir debajo forros o camisetas suplementarias para hacer frente a condiciones de frío intenso.

La mejor eficacia del vestuario se consigue cuando se tienen en cuenta los detalles. Por ejemplo, los ajustes de las mangas, de la cintura o del cuello, si están abiertos, provocan importantes pérdidas de calor. Al igual que ocurre con los bolsillos.

Además de las tres capas citadas, hay otras prendas imprescindibles, como los calcetines, tratados en otro punto, los guantes y los gorros.

Protegen zonas especialmente expuestas al frío y a las radiaciones solares.

Guantes, mitones y manoplas son las opciones más habituales para cuidar las manos y, a igualdad de material,

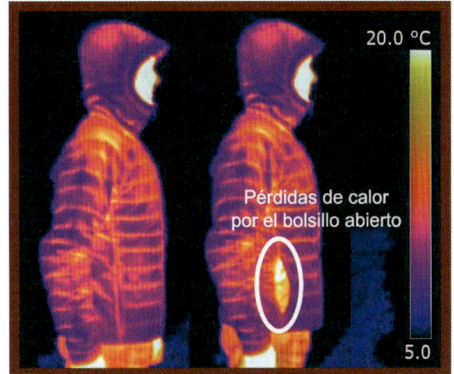
Foto 101: Termografías con bolsillo abierto y cerrado.

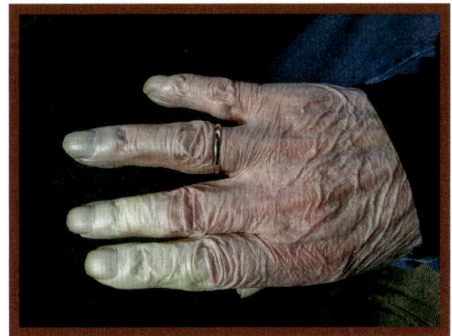
Foto 102: Dedos con deficiente riego sanguíneo por frío.

Foto 103: Protección de la cabeza, cara y cuello.

Foto 104.

son más cálidas estas últimas, por tener menor superficie de contacto con el frío exterior y favorecer los intercambios térmicos entre los dedos, en lugar de aislarlos entre sí.

Los guantes también nos protegen en situaciones sin frío, pero en las que el terreno es abrasivo, como travesías de neveros residuales o trepadas en zonas de roca áspera.

Respecto a la protección de la cabeza, es necesaria frente al frío, y también frente a las radiaciones solares.

Esa zona del cuerpo carece del mecanismo de vasoconstricción para reducir las pérdidas de calor. Por ello, a pesar de que solo supone el 9% de la superficie corporal, a través de ella podemos perder más de un 16% de las calorías que nos roba el entorno.

En condiciones de frío extremo la cabeza se protege mediante el verdugo, balaclava, pasamontañas o "buff".

Además de reducir las pérdidas térmicas, también calientan el aire que respiramos.

En cuanto a las radiaciones, pueden generar insolaciones y afectar a la vista, siendo de utilidad para evitar ambos supuestos el uso de viseras o sombreros con ala que reduzcan la luz incidente en los ojos.

4f.- La importancia de mantener seca la ropa

En un entorno frío, las prendas nos ayudan a mantener equilibrada nuestra temperatura interna gracias a que acumulan aire entre sus fibras, que es un buen aislante térmico y reduce las pérdidas de calor.

Pero cuando la ropa se moja, el agua o su vapor ocupan el espacio del aire en los tejidos y, como el agua es un buen conductor térmico, acelera las pérdidas de calor.

Por otra parte, no todos los tejidos tienen la misma capacidad aislante. Ni en seco, ni en mojado.

Foto 105

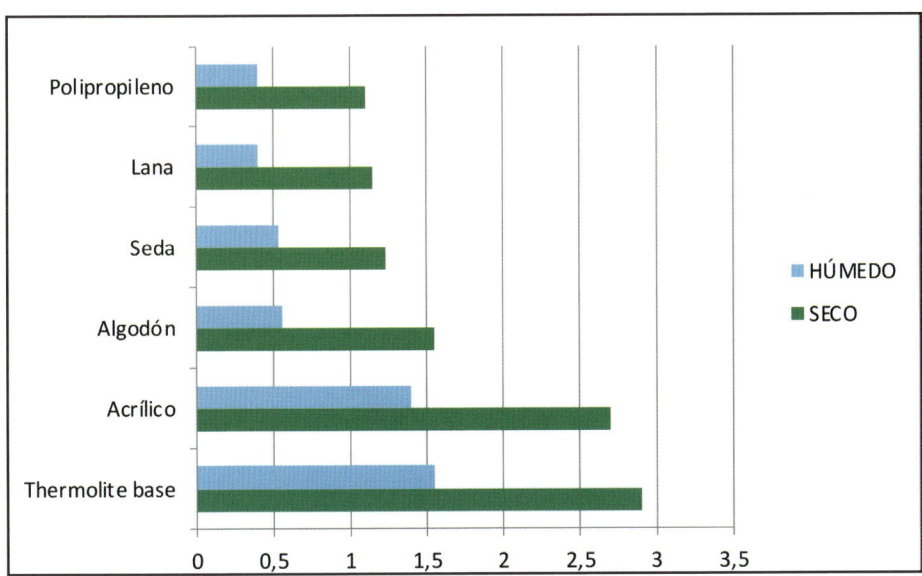

Gráfica 106: Capacidad de aislamiento térmico de varios tejidos en seco y mojados (expresada en CLO).

Como se aprecia, cuando una prenda se moja, su capacidad de aislamiento se reduce a la mitad o menos, según de qué tejido sea.

Por eso es fundamental intentar que la ropa esté seca, evitando que se moje por sudar o con la lluvia, para mantener sus cualidades térmicas.

Foto 107.

De lo contrario, con las mismas prendas que secas nos permitían mantener una temperatura corporal adecuada, comenzaremos a sentir frío.

Si nuestro vestuario se moja, es conveniente reducir todo lo posible su contenido de agua, bien comprimiendo o retorciendo las prendas, o haciéndolas girar para evacuar su contenido líquido mediante centrifugación manual.

Un caso especial es el del calzado. Además de favorecer el enfriamiento de los pies, con el exceso de humedad la piel se reblandece y es más fácil sufrir ampollas o flictenas.

Una forma de acelerar su secado consiste en extraer las plantillas e introducir papel absorbente en el interior, dejándolo apelotonado hasta que se empape.

Foto 108: Extraer la plantilla e introducir papel absorbente acelera el secado interior de las botas.

5) Mochila y bastones

a. Cómo elegir el tamaño y detalles de la mochila
b. Qué llevar en la mochila y su peso máximo
c. Cómo cargar a mochila
d. Cómo ajustar la mochila al cuerpo
e. Las mochilas portabebés
f. Los bastones

Foto 109.

5a.- Cómo elegir el tamaño
y detalles de la mochila

La mochila es un elemento fundamental para las actividades en la naturaleza y, dado que nos acompañará durante mucho tiempo, merece la pena que nos esforcemos en hacer una compra acertada.

Debemos considerar cuál será nuestra actividad más frecuente y en qué época del año la practicaremos más.

Las salidas invernales y las de día completo exigen mochilas de mayor capacidad que las mañaneras de verano, por ejemplo.

Pero generalmente no haremos un solo tipo de actividad, con lo que la elección se complica.

En caso de duda es mejor pecar por exceso de capacidad que sufrir los problemas de tener que usar una mochila demasiado pequeña.

Además, las mochilas grandes suelen disponer de correas de ajuste lateral que permiten reducir su volumen interior, en caso de necesidad, y que su contenido quede bien distribuido incluso no ocupando toda su capacidad.

Foto 110: Camino al Campo Base del K2 por el glaciar del Baltoro, en enero de 2019.

En cambio, cargar en exceso una mochila pequeña solo trae, como mínimo, incomodidad.

La capacidad de las mochilas se mide en litros, y en función de esa cifra podemos clasificarlas en varios grupos:

- Mochilas pequeñas y chalecos-mochila: hasta unos 15 litros de capacidad.
- Mochilas intermedias: desde 20 hasta 35-40 litros de capacidad.
- Mochilas grandes: entre 50 y 60 litros de capacidad.
- Mochilas extra-grandes: por encima de los 65 litros.

https://www.forumsport.com/es-es/blogs/montana/que-tamano-de-mochila-necesito-guia/

Las pequeñas suelen ser adecuadas para paseos periurbanos, más que para salidas de montaña, y los chalecos son habituales en el mundo de la competición, siendo fundamental que ofrezcan un buen ajuste al cuerpo, para impedir movimientos parásitos al correr.

Las mochilas de capacidad intermedia son las más versátiles y vendidas.

Pueden ser utilizadas en actividades de un día, incluso con objetivos de alta montaña si es en verano y otoño, pero también las veremos en pruebas de esquí de montaña, si están dotadas de porta-esquís adecuados, y en recorridos de varios días y "trekings", si contamos con la ayuda de porteadores, animales de carga o algún transporte mecánico.

Las mochilas de tamaño grande son las de elección para travesías de varios días o para actividades como el alpinismo invernal.

Teniendo en cuenta su mayor capacidad de carga, es habitual que

Foto 111.

esta gama de mochilas presente importantes detalles de confort en sus tirantes, banda de cintura, apoyo lumbar, espaldera, tirante pectoral, etc.

Para finalizar, las mochilas de mayor tamaño son utilizadas fundamentalmente en los grandes recorridos en autosuficiencia, en las aproximaciones a campos base de altas cimas y porteos entre sus campos de altura, así como en ascensiones invernales de varios días.

Decidido el tamaño que más nos conviene, analizaremos:

- la forma o diseño de la mochila,
- el género de la persona usuaria,
- el acolchamiento de sus tirantes y bandas y,
- la disponibilidad de porta-objetos.

En el primer aspecto veremos que las mochilas para la práctica del alpinismo y la escalada tienden a ser cilíndricas y con pocos resaltes, para facilitar la progresión por zonas de trepada, por ejemplo, mientras que las destinadas al senderismo pueden ser más anchas y con bolsillos exteriores que faciliten el acceso a la comida y bebida, a un sombrero o a otros elementos necesarios durante la marcha.

También el género de la persona que va a utilizarla debe ser tenido en cuenta, ya que el diseño es diferente en elementos como la forma de los tirantes, sus anclajes y la banda de cintura.

En las opciones femeninas, los tirantes pectorales presentan mayor separación entre sus anclajes superiores, y su unión con la base de la mochila suele ubicarse más lateral, liberando de compresión los pechos, mientras la banda de cintura suele tener mayor amplitud y conicidad.

Foto 112.

Respecto al acolchamiento de tirantes y bandas, cabe recordar que su diseño amplio y mullido hace más cómodo el porteo, al distribuir mejor la presión del peso, y será especialmente importante en el caso de las mochilas de mayor capacidad.

Por último, según las actividades en las que preferentemente vamos a utilizar la mochila, serán de agradecer, o indispensables, elementos para portear de la mejor forma posible los bastones, piolets, esquís y otros elementos propios de cada modalidad montañera.

Tras analizar todos esos aspectos, deberemos probar cuál de las mochilas que los cumplen se ajusta mejor a nuestra espalda.

Las mejores marcas permiten personalizar esa dimensión de la mochila gracias a elementos ajustables, como el apoyo de cintura sobre el hueso sacro e ilíacos, o los que suelen ubicarse cerca de ambas escápulas.

También la aireación de la espalda debe ser tenida en cuenta.

En algunos casos se basa en canales tallados sobre la espaldera que, a cambio de mantener el peso más cercano al cuerpo, ofrecen un limitado paso de aire por ellos, al quedar parcialmente ocluidos por la ropa.

En otros casos se separa el cuerpo de la mochila de nuestra espalda gracias a elementos de tejido muy permeable al aire, como mallas o redes, mantenidas a tensión por elementos elásticos en forma de varillas o tiras.

Así la aireación es mucho más eficaz, lo que se agradecerá especialmente en actividades veraniegas, pero modifica la capacidad interior de la mochila, y atrasa en alguna medida su centro de gravedad, pudiendo afectar a la forma de andar.

Foto 113: A la izquierda, mochila con espaldera pegada. A la derecha, con espaldera ventilada.

5b.- Qué llevar en la mochila y su peso máximo

Los seres humanos estamos desprovistos de algunas herramientas que la naturaleza dio a otras especies animales.

Carecemos de una cobertura pilosa suficiente para protegernos de los cambios atmosféricos, de garras o colmillos capaces de conseguirnos alimentos, o de pezuñas en los pies para caminar por los abruptos terrenos de las montañas.

Parte de esas cosas que nos faltan debemos cargarlas en la mochila, si queremos estar bien en ese entorno.

Está claro que la situación atmosférica, la altitud de nuestro objetivo, la latitud geográfica, el tiempo de estancia o nuestro estado de salud deberán ser tenidos en cuenta para decidir qué debemos llevar en la mochila y en qué cantidad.

Foto 114: Mochila y material porteado para una larga travesía de varios días.

Pero todo tiene un límite, y lo mismo ocurre con nuestra capacidad física.

Cargar exceso de peso nos cansa más, altera la forma de andar, sobrecarga las articulaciones de las piernas y empeora el equilibrio, con mayor riesgo de caída en zonas expuestas.

Aunque no siempre sirven las reglas estrictas, sí hay ciertas recomendaciones generales en cuanto al peso máximo a portear:

- • No cargar más de un 5% del peso en la infancia y juventud.
- • Un 10% para personas adultas.
- • Hasta un 20% en personas habituadas.

Sin embargo, hay situaciones que obligan a portear mayores cargas, como las marchas de muchos días en autosuficiencia, que obligan a aprender el arte del minimalismo y a renunciar a lo no imprescindible.

El siguiente listado sirve como "check list" y nos ayudará a decidir qué llevar a cuestas, dado que, según el viaje, no precisaremos cargar todo lo citado:

- Alimentos
- Bebida
- Botiquín
- Comunicaciones
- Orientación
- Prendas de abrigo e impermeable, gorro, guantes y gafas
- Otros elementos básicos:

- o Bolsa de tela o plástico
- o Cinta adhesiva o esparadrapo de tela
- o Cordino
- o Cuaderno y lápiz
- o Espejo de señales
- o Fuego
- o Funda de lluvia para la mochila
- o Iluminación
- o Manta de emergencia
- o Navaja o multiherramienta
- o Papel higiénico
- o Pastillas potabilizadoras
- o Silbato

Foto 115: Algunos elementos básicos.

Es conveniente proteger los elementos sensibles al agua, como aparatos electrónicos y ropa, introduciéndolos en bolsas impermeables con buen cierre y dentro de la mochila.

Para transportar la bebida contamos con muy diversos recipientes de variados materiales. Desde las nuevas bolsas de hidratación, hasta las clásicas cantimploras.

Foto 116: Bolsa estanca para protección de las prendas en caso de lluvia.

Llevar más o menos cantidad de líquido dependerá de la disponibilidad de puntos de reavituallamiento, de la estación del año y la duración de la excursión.

Además de los alimentos previstos para una excursión, es conveniente guardar en la mochila algunos más en formatos de larga conservación y altamente energéticos, como barritas, turrón, miel o similares, que nos pueden sacar de un apuro si nos vemos obligados a pasar más tiempo del previsto en el monte.

Debemos evitar duplicidades y renunciar a lo superfluo. Por ejemplo, en lugar de llevar toda una caja de medicamento, podemos llevar en un "blíster" sólo la cantidad que nos permita salir de un apuro, o llevar unos metros de cinta adhesiva, en lugar del rollo entero.

Foto 117.

La búsqueda del menor peso y volumen posibles hace que algunas personas se decanten por el minimalismo para no tener que renunciar a elementos que consideran importantes.

5c.- Cómo cargar la mochila

Lo cierto es que hay más de una forma correcta de hacerlo.

Por ejemplo: si vamos a hacer una travesía de esquí de montaña, en la que los giros rápidos son frecuentes, o vamos a recorrer zonas con crestas o bloques de piedras, nos interesará que el centro de gravedad de la mochila sea bajo, para facilitar el equilibrio.

En cambio, para practicar senderismo es más cómodo que la carga más pesada quede en una posición alta, para que podamos caminar en posición más erguida y cómoda.

En otros casos tomaremos en cuenta aspectos estratégicos para distribuir la carga. Por ejemplo: para un recorrido en el que comencemos a andar tarde y enseguida pararemos a vivaquear, procuraremos que el saco y la funda de vivac queden a mano, en lugar de ubicarlos al fondo de la mochila, excepto que la nuestra tenga acceso directo al fondo de la misma.

Veamos algunas recomendaciones generales.

En caso de no llenar la mochila, no acumularemos todo en el fondo, sino que la estrecharemos, acortando los tirantes laterales que suelen tener, y distribuiremos la carga en toda su altura resultante.

Conviene repartir los bultos de forma simétrica, para que un lado no tenga mucho más peso que el otro.

Foto 118: Distribución del material de montaña en una mochila.

Foto 119: Si no va llena, conviene distribuir el contenido en toda la altura de la mochila, en lugar de amontonarlo abajo.

Por lo general, cargaremos abajo, en el fondo de la mochila, los elementos más ligeros y voluminosos, como el saco de dormir, la funda de vivac o la esterilla.

A continuación, en la zona media, pondremos elementos de peso intermedio, como la cocina, vajilla o ropa, procurando que lo más pesado esté lo más cerca posible de la espalda.

En la zona alta colocaremos las cosas más pesadas o que podamos necesitar de forma rápida, como la comida, bebida, el botiquín, la frontal, alguna multi-herramienta o navaja, ...

Pero debemos recordar que son recomendaciones generales, y habrá situaciones en las que será preciso hacer cambios en esa propuesta para adaptarnos a nuestro objetivo montañero.

https://www.forumsport.com/es-es/blogs/monta-na/como-se-carga-una-mochila-de-montana/

info:

Un error frecuente es el de llevar cosas colgando de la mochila. Por ejemplo, las botas de repuesto, o el saco de dormir.

Suele ocurrir cuando la capacidad de la mochila es muy inferior a lo que necesitamos.

De esa forma, el balanceo altera el equilibrio al andar y hace que nos cansemos más para hacer lo mismo, además de que esos bultos pueden engancharse con la vegetación o caerse sin que nos demos cuenta.

Una alternativa es la de agruparlos en una sola bolsa resistente y cargarlos, bien sujetos, sobre la parte superior de la mochila, lo más cerca posible de nuestra espalda y hombros.

Foto 120: ¡Peligro!

Respecto al material que normalmente se lleva fuera, en los portamateriales, tal como los bastones o el piolet, es imprescindible proteger sus afilados extremos mientras van en la mochila, ya que pueden ocasionar lesiones a quienes están cerca nuestro al ponernos o quitarnos la mochila.

5d.- Cómo ajustar la mochila al cuerpo

Llevar peso a cuestas altera nuestra forma de andar, hace que gastemos más energía, nos hace más inestables y puede producir lesiones o resultar penoso.

Por eso es importante ajustar bien la carga a nuestro cuerpo, para reducir todos esos inconvenientes.

El primer paso es adquirir mochilas que puedan adaptarse a nuestra espalda, bien por ser de la talla adecuada o por disponer de ajustes que permitan hacerlo.

Hay varios sistemas que, mediante partes móviles, nos permiten alargar o acortar la distancia entre la banda de cintura y su apoyo lumbar y el apoyo dorsal, tal como se aprecia en las imágenes.

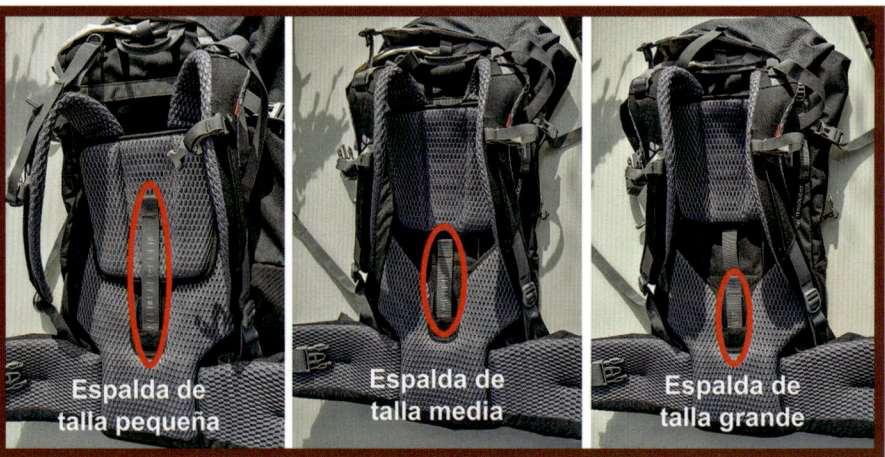

Espalda de talla pequeña **Espalda de talla media** **Espalda de talla grande**

Foto 121: Ajuste de la altura de la espaldera en función de nuestra talla.

De esa forma la misma mochila sirve para personas de diferente talla y altura de espalda.

Una vez cargada de la forma sugerida en el capítulo anterior, llega el momento de ponérsela a cuestas.

Encajaremos los dos tirantes previamente aflojados, y ajustaremos la banda de cintura de tal forma que asiente sobre las crestas ilíacas, que son los resaltes óseos que forman las caderas, a la altura en que habitualmente se sitúa el cinturón.

Si la ponemos más alta, comprimirá el abdomen, y si la situamos más abajo, molestará el trabajo de los músculos glúteos.

Una vez situemos la banda de cintura sobre las crestas iliacas, la tensaremos para que casi todo el peso de la mochila recaiga en ellas.

A continuación, tensaremos los tirantes de tal forma que los hombros soporten un 20% del peso, aproximadamente.

Con las correas superiores de los tirantes, aproximaremos el cuerpo de la mochila a nuestra espalda.

Si caminamos cuesta abajo, preferiremos llevar el peso muy cerca nuestro, pero si es en pendiente positiva, como nos inclinaremos algo hacia delante al andar, podemos aflojar ligeramente esas correas y separar la mochila para caminar con más comodidad.

Es el momento de ubicar en posición correcta la banda pectoral.

Foto 122.

Si está baja, al tensarse comprimirá las costillas y nos dificultará la respiración profunda, al limitar el ensanchamiento del tórax, por lo que debemos intentar ponerla ligeramente bajo las clavículas.

Siguiendo esos pasos, la mochila descargará su peso en las zonas anatómicas adecuadas y se adaptará mejor a nuestros movimientos al andar.

https://www.forumsport.com/es-es/blogs/montana/
como-ajustar-la-mochila-de-montana/

info: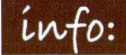

5e.- Las mochilas portabebés para montaña

Foto 123.

Para portear la carga más preciada y compartir la montaña con nuestros vástagos más jóvenes existen mochilas especialmente diseñadas.

No debemos confundirlas con los sistemas de tela que permiten llevar criaturas de pocos días o meses pegadas al cuerpo de sus progenitores.

En este caso, los tirantes, banda de cintura y demás ajustes para quien la lleva son similares a las de otras mochilas convencionales de tamaño grande.

Donde encontramos diferencias fundamentales es en su parte posterior, destinada a las criaturas, y es que esa delicada carga no puede ir de cualquier forma.

Su proceso de maduración es muy variable por lo que, incluso siendo de la misma edad, las recomendaciones no pueden ser iguales para todas.

Comenzaremos por hacer algunas que se refieren al bebé:

• Para ser llevada en este tipo de mochila, es preciso que la criatura sea capaz de mantener la espalda recta y controle la posición de la cabeza, lo que puede ocurrir a partir de los 6 meses, aproximadamente.

• Hay que ajustar las diversas correas de seguridad para fijar el bebé al asiento.

• La altura de este debe regularse de forma que la barbilla esté a nivel de la zona diseñada para su apoyo y que pueda ver a su alrededor, así como mover sus bazos.

• Por lo general, las posiciones más elevadas, destinadas a los bebés más pequeños, permiten una fisiológica postura en "C" de su cuerpo, mientras al bajar el asiento para adaptarlo a criaturas de mayor tamaño, la posición se va haciendo más erguida.

Foto 124: Con el reposapiés ajustado, la parte posterior del muslo no queda comprimida por el borde del asiento.

• Los reposapiés deben permitir que parte del peso se descargue en ellos y que, al elevar los pies, el borde de la zona de asiento no comprima la parte posterior de los muslos, lo que reduciría el riego sanguíneo de las piernas o produciría parestesias, hormigueos o adormecimiento de las piernas por presión sobre nervios.

Desplazando la atención a quien la portea, el ajuste de este tipo de mochilas es similar al de las convencionales de gran tamaño, y al igual que en esas, hay diseños para hombre y para mujer, si bien las diferencias no impiden que cualquiera las lleve.

Es conveniente realizar un ajuste previo de la mochila cargando algún peso en ella, en lugar de hacerlo con el bebé.

Comenzaremos por regular la altura de su espaldera y hacerla adecuada a nuestro tamaño corporal.

Después iremos ajustando la banda de cintura, los tirantes, la banda pectoral y las correas superiores de tal forma que la mayor parte del peso descanse sobre nuestra cintura, tal como haríamos con cualquier mochila.

Para poner la criatura en la ella, comenzaremos apoyando la mochila en el suelo y aflojaremos las correas de seguridad que sujetarán al bebé.

No es conveniente cargarla en un lugar elevado, por si en un movimiento brusco pudiera caer.

Tomamos la criatura por las axilas, nos acercamos con ella a la mochila por detrás y, estabilizándola al pisar su apoyo posterior plegable, la bajamos encajándola en la silla interior.

Lo siguiente es ajustar las correas de seguridad y los estribos a la personita, atendiendo siempre a que no se caiga.

Para ponernos la mochila con su "tripulante" real a cuestas debemos seguir los siguientes pasos:

- Revisamos que todas las correas de seguridad del bebé están bien puestas y ajustadas.
- Comprobamos también los tirantes y bandas que vamos a ponernos.
- Con la mochila cargada y en el suelo, nos situamos mirando de frente la espaldera.
- Elevamos la mochila y apoyamos su peso sobre la rodilla de una pierna ligeramente flexionada.
- La rotamos hacia la espalda y pasamos el brazo del mismo lado por el tirante, elevando la mochila hasta el hombro.
- Nos ponemos el otro tirante en el hombro correspondiente.
- Ajustamos la banda de cintura, la tensión de los tirantes, las cintas superiores y la banda pectoral, en ese orden.
- Plegamos el apoyo posterior.

125: Porteo en mochila frente a una forma tradicional.

En cuanto al peso máximo recomendado para estas mochilas, varias marcas lo fijan en unos 20 a 22 kg, lo que limita el peso de la criatura a unos 18 kg, a los que es preciso añadir el de la propia mochila y los utensilios que añadamos para el bebé.

Hay accesorios que permiten hacer más cómodo el viaje, como parasoles, estribos, apoyos para la cara o mentón, etcétera.

En cualquier caso, es preciso vigilar con frecuencia que las criaturas están bien, que no reciben demasiado sol, pasan calor, frío o sufren alguna compresión, especialmente cuando se quedan dormidas.

5f.- Los bastones

Foto 126.

Contar con más de dos apoyos al caminar por la montaña es una buena idea en algunas condiciones y terrenos.

Sus funciones pueden ser ayudarnos a mantener el equilibrio, reducir el peso que soportan las rodillas y caderas durante los descensos, subir más rápido, distribuir el esfuerzo entre los músculos de las piernas y los brazos, superar obstáculos e incluso defendernos de la fauna, si es agresiva.

info:

Por todo ello se ha generalizado el uso de bastones, aunque no siempre se utilizan de forma correcta ni se considera imprescindible su uso continuo, a juicio de la Comisión Médica de la Unión Internacional de Asociaciones de Alpinismo.

https://www.theuiaa.org/documents/mountainmedicine/Spanish_UIAA_MedCom_Rec_11_Bastones_de_Caminata_2008_V1-2.pdf

Con cachabas o cayados es habitual utilizar uno solo, pero en el caso de los bastones, el uso de dos permite un trabajo simétrico y la mejor distribución del esfuerzo entre ambos lados.

Hay al menos dos situaciones de uso incorrecto: cuando los apoyos se hacen muy separados lateralmente del cuerpo, generando fuerzas de torsión, y cuando se utilizan con las dragoneras puestas en zonas de trepada o pedreras de bloques grandes, limitando la posibilidad de usar las manos como defensa en caso de caída.

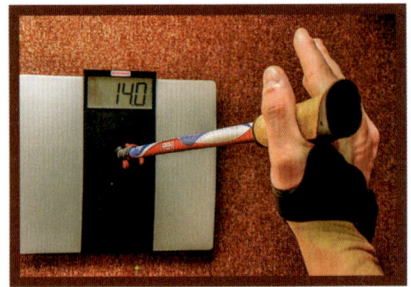

Foto 127.

Los bastones deben ser de longitud regulable, para adaptarla a cada persona y situación del terreno.

info:

https://www.forumsport.com/es-es/blogs/montana/
como-elegir-tus-bastones-de-trekking/

Importa menos cómo se realice ese posible ajuste: bastones telescópicos de leva externa, de expansión interna, o plegables en varios tramos.

Otras opciones que deberemos escoger a nuestro gusto son el tipo de mango, la dragonera, la roseta y la contera.

Alguno de esos elementos, como la roseta o la contera, pueden ser cambiados o quitados según el terreno en el que utilicemos el bastón, disponiendo incluso de extremos de goma para tener agarre en suelos duros.

Foto 128: Longitud del bastón en llano, ascenso y descenso.

Es importante aprender a ajustar la longitud más adecuada para cada situación.

Por lo general, en un terreno llano, al agarrarlos por su empuñadura y apoyarlos en el suelo, el codo nos debe quedar formando un ángulo recto.

Pero hay otras opciones. De hecho, en las competiciones de esquí de fondo veremos que la longitud utilizada es bastante más larga que la que obtenemos con ese ángulo del codo.

En descenso, si queremos reducir la carga en las rodillas, como el terreno en que apoyaremos el bastón está varios centímetros por delante y más bajo que donde estamos pisando, será preciso alargarlo en esa medida, para que el brazo trabaje de forma eficaz.

Y si estamos ascendiendo y queremos impulsarnos, clavando el bastón más abajo y detrás de nosotros, también será preciso que su longitud sea algo más larga que la del codo recto, o no le sacaremos el máximo partido.

La dragonera es un elemento importante, pero no siempre bien aprovechado.

En situaciones de terreno complicado, o con riesgo de avalancha, no debe rodear nuestra muñeca, sino permanecer suelta.

En otras condiciones resulta de gran ayuda para la musculatura del antebrazo, ya que incluso sin agarrar el mango del bastón, podremos ejercer una gran presión sobre el suelo, aliviando el trabajo de la musculatura de las manos.

En las imágenes adjuntas mostramos el proceso para llevarla bien puesta.

Si no ajustamos correctamente los cierres de cada tramo o están sucios, corremos el riesgo de que al apoyarnos cedan y el bastón se acorte, poniéndonos en riesgo.

Para asegurar su correcto funcionamiento es importante realizar un buen mantenimiento periódico.

https://www.forumsport.com/es-es/blogs/montana/ mantenimiento-bastones-de-trekking/

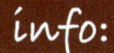 

Foto 129.

El siguiente paso es aprender la técnica de uso de los bastones para obtener de ellos el mejor rendimiento posible.

Para que su impulso nos proyecte hacia delante y ayude a subir o a progresar, es conveniente que las puntas de los bastones se claven tras nuestro centro de gravedad en el momento de aplicarles fuerza.

De lo contrario, si los clavamos delante, solo servirán para mantener el equilibrio o no caer hacia delante, y la fuerza de impulsión será muy reducida.

Por el contrario, en los descensos, deberemos clavar los bastones delante nuestro, de tal forma que el componente vertical de cada apoyo reduzca la carga de las piernas, al ser parcialmente soportada por los brazos. Además, así nos ayudarán a frenar.

Los bastones también pueden generar situaciones de riesgo.

Por ejemplo, cuando los llevamos sujetos en la mochila sin poner protecciones en sus puntas, pudiendo ocasionar heridas a quienes tengamos cerca mientras nos ponemos o quitamos la mochila.

Otra situación de peligro se vive cuando caminamos demasiado cerca de quien nos precede y maneja los bastones sobre terrenos en cuesta arriba.

En ese caso, si uno de ellos resbala sobre el suelo, puede acabar en la cara de quien va detrás, para evitar lo cual, es fundamental que esta

Foto 130: Uso correcto de la dragonera.

última persona tenga la precaución de mantener suficiente margen de distancia.

Por último, si los llevamos en las manos, sin usar, conviene llevar sus puntas hacia delante, de tal forma que las tengamos controladas. Si van atrás, con el braceo podemos herir al alguien sin darnos cuenta.

6) Riesgos
de la montaña

6a.- Cuidados con la infancia en la montaña

Las condiciones físicas y psíquicas de los seres humanos van cambiando con la edad.

Esta evidencia debe tenerse en cuenta cuando llevamos personas muy jóvenes a la montaña, sabiendo que ya desde los 3 años, aproximadamente, pueden comenzar a disfrutar de ese entorno, lleno de atractivos estímulos.

Pero debemos saber que tanto sus intereses como sus capacidades son diferentes de las que tenemos en edad adulta.

https://dialnet.unirioja.es/servlet/articulo?codigo=7243279

Foto 132.

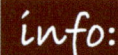
info:

Comenzando por el interés, es habitual que antes de cansarse, se aburran, por lo que hay que escoger recorridos que les atraigan e implicarles en la excursión, dándoles "responsabilidades" como encargarse de llevar el mapa, un silbato, …

El aburrimiento suele atenuarse o desaparecer cuando el camino se hace en compañía de otras criaturas de similar edad, por lo que las excursiones colectivas les suelen resultar más atractivas.

Otro aspecto a considerar, en este caso físico y fisiológico, es el del tamaño corporal.

Los intercambios de calor y de frío de nuestro cuerpo con el ambiente que le rodea dependen de la superficie de contacto entre ambos.

Cuanto mayor es la superficie, más rápido y fácil nos calentamos o nos enfriamos, según sea la temperatura del aire que nos rodea.

Por otra parte, cuanto mayor sea nuestra masa o peso corporal, más lentos serán el calentamiento y el enfriamiento.

Veamos un par de ejemplos: la misma cantidad de sopa se enfría antes si se sirve en un plato que en una taza, porque la superficie de contacto con el aire es mayor en el plato.

Y a la hora de calentar agua en un microondas, necesitamos más tiempo cuanto mayor sea su cantidad.

¿Qué ocurre con la superficie corporal y la masa o peso a medida que crecemos?

info:

https://www.omnicalculator.com/es/salud/calculadora-superficie-corporal

Veámoslo en el siguiente cuadro:

EDAD (años)	TALLA (cm)	PESO (Kg)	SUPERFICIE (m^2)	Kg/m^2
5	109	19	0,75	25,3
8	126	26	0,96	27,1
10	137	32	1,11	28,8
12	146	41	1,29	31,8
15	168	58	1,66	34,9
Adulto	180	75	1,94	38,7

Cuadro 133.

A medida que crecemos se hace mayor nuestra superficie corporal, pero tal como vemos en la última columna, tenemos más kilos de masa por cada metro cuadrado de superficie.

A la inversa, cuanto menores son nuestra talla y peso, menos masa tenemos por cada unidad de superficie y más fácil será que nos enfriemos, si hace frío, o que nos calentemos, si hace calor.

Es decir que las personas de menor masa o tamaño corporal tienen más riesgo de sufrir una hipotermia, expuestas a los rigores del frío, y más riesgo de sufrir un golpe de calor, si la temperatura ambiente es elevada, que aquellas con mayor tamaño corporal.

Foto 134: Falta la protección de las manos.

Por lo tanto, será preciso tener más cuidado con ellas cuando se expongan a entornos de temperaturas extremas.

También la capacidad de realizar ejercicio evoluciona con la edad, aunque está claro que no es igual en todas las personas de la misma edad.

De hecho, algunas tienen más capacidad física y/o están más acostumbradas que otras a hacer ejercicio, por lo que pueden tolerar recorridos más largos

Como referencia, mostraremos algunas cifras orientativas sobre la capacidad para andar basadas tan solo en la edad.

https://www.efdeportes.com/efd42/pereg.htm

info:

EDAD	DISTANCIA DIARIA MAXIMA
10 años	8 km
11 años	10 km
12-13 años	11 - 12 km
14-15 años	13 - 15 km

Cuadro 135.

Respecto a los pesos máximos a portear, en el caso de la infancia las recomendaciones generales sugieren no superar el 5% del peso corporal, pudiendo incrementarlo progresivamente durante la pubertad hasta el 10% recomendado para personas adultas.

Otro aspecto de las personas más jóvenes al que debemos prestar especial atención es el calzado y el vestuario.

Dado el rápido crecimiento que se experimenta en esas edades, es aconsejable revisar periódicamente el estado de botas y calcetines, así como la idoneidad del vestuario.

De la misma forma, es importante recordarles la necesidad de beber y comer regularmente durante las marchas.

Foto 136

La infancia es un periodo idóneo para formar en aficiones y para aprender sobre ellas, pero hay que recordar que no son personas adultas bajitas.

info:

https://montanasegura.com/la-montana-con-ninos/

6b.- El corazón en la montaña

El corazón es uno de los órganos que debe trabajar más en la montaña.

En primer lugar, por el ejercicio físico que realizamos en ella.

Para hacer frente a dicho esfuerzo, el corazón se ve obligado a bombear más litros de sangre cada minuto, de tal forma que cada célula reciba ese extra de oxígeno y nutrientes que necesita para obtener el plus de energía requerido. Y también asciende la tensión arterial.

Foto 137: Corredora en la carrera internacional de montaña Gorbeia Suzien.

En pruebas competitivas por montaña podemos ver que personas con ritmos en reposo de entre 50 y 60 latidos por minuto ven cómo se disparan hasta superar las 180 pulsaciones/minuto.

Otro factor que estresa el corazón es el frío.

El cuerpo reacciona ante él estrechando los vasos más superficiales y disminuyendo así la cantidad de sangre que llega a los que están más expuestos a las bajas temperaturas. Este mecanismo se conoce como vasoconstricción periférica.

Gracias a ella, se reduce el enfriamiento de la sangre que, si volviera fría al interior, afectaría gravemente a órganos como el cerebro o el corazón.

Pero al estrecharse los vasos sanguíneos periféricos, a la sangre le cuesta más circular por ellos, y el corazón se ve obligado a trabajar a mayor presión.

Además, si nos quedamos quietos o el ejercicio que hacemos no genera suficiente calor, aparecerán contracciones musculares involuntarias para producirlo: las tiritonas o escalofríos.

Tanto la actividad física voluntaria como esas otras contracciones y la vasoconstricción obligan al corazón a trabajar más forzado que con temperaturas ambiente moderadas.

También el miedo o estrés que podemos pasar en una zona montañosa expuesta, o bajo una tormenta eléctrica, puede alterar el funcionamiento normal del corazón.

Foto 138: Combinación de esfuerzo y frío.

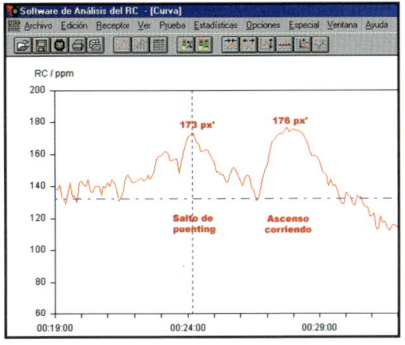

Foto 139: "Puenting" y estrés. Gráfica 140: Registro del ritmo cardiaco bajo estrés y por esfuerzo físico.

La liberación de sustancias como la adrenalina hace que su ritmo se eleve mucho más de lo que podemos pensar.

Veamos un ejemplo: registramos el comportamiento cardiaco en un salto de "puenting" realizado por una persona novata en el tema, y vimos que al subir corriendo hasta lo alto del puente llegó a 176 latidos por minuto.

Al pasar al lado exterior de la barandilla, para saltar, apreciamos que el miedo previo a soltarse hizo que su corazón latiera a 173 pulsaciones por minuto, sin realizar esfuerzo alguno.

Otro incremento del trabajo cardiaco en la montaña es provocado al alimentarnos durante la actividad.

La necesidad de compartir el volumen sanguíneo disponible entre el aparato digestivo y la musculatura, al mismo tiempo, obliga al corazón a un esfuerzo suplementario.

Especialmente si lo que ingerimos requiere un proceso de digestión complicado, por cantidad o por tipo de alimentos.

Finalmente citaremos a la altitud como otra causa de sobrecarga cardiaca.

A medida que ascendemos, la presión atmosférica se va haciendo menor, y también lo hace la cantidad de oxígeno que podemos conseguir en cada inspiración.

En altitudes superiores a los 2.500 metros, aproximadamente, ese descenso se va haciendo cada vez más evidente y a 3.500 metros, por ejemplo, solo conseguimos el 65% del oxígeno que tendríamos a nivel del mar.

La respuesta del corazón ante ese problema es latir más rápido.

Durante una expedición pudimos apreciar que, personas que a nivel del mar tenían un ritmo cardiaco en reposo de unas 50 pulsaciones por minuto, a 5,300 m presentaban unas 80 pulsaciones, y a 7.000 m, descansando en su tienda, oscilaban en torno a 120 latidos por minuto.

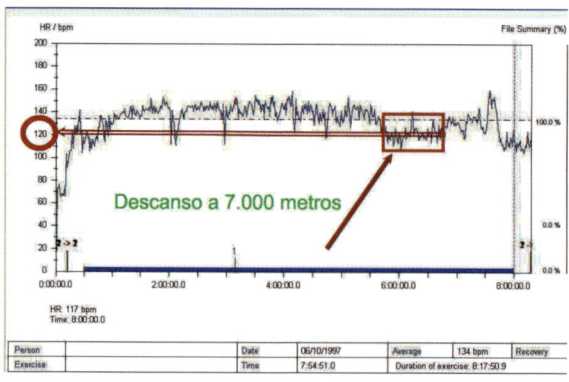

Gráfica 141: Registro de ritmo cardiaco durante el ascenso al CIII del Everest y descansando en él.

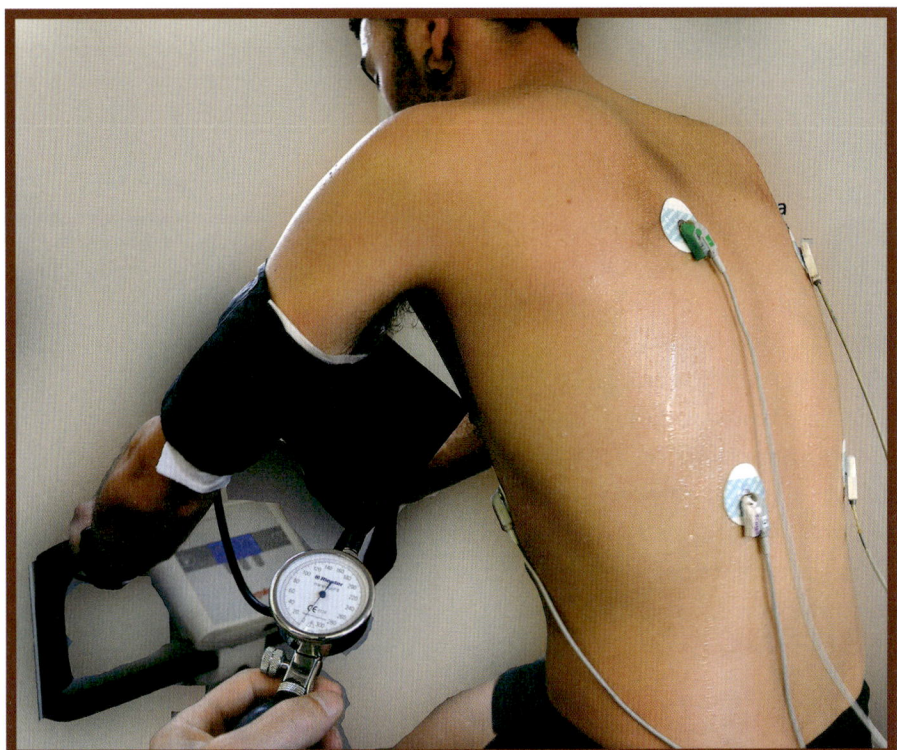

Foto 142: Prueba de esfuerzo para análisis de salud y rendimiento.

Como hemos descrito, el corazón en la montaña, y especialmente en la Alta Montaña, tiene trabajo extra por diversos factores, y conviene saber con antelación que su estado de salud es suficientemente bueno como para soportarlo, especialmente si superamos los 40-50 años de edad.

6c.- Cómo nos defendemos del frío

Con una atmósfera estable, el aire se va haciendo más frío a medida que subimos una montaña.

En esas condiciones, cada 150 metros de ascenso suponen la pérdida de 1°C de temperatura, y llega un momento en el que el entorno puede volverse agresivo con nuestro organismo.

Para defendernos, podemos utilizar más ropa y modificar nuestro comportamiento de forma que se active la:

Foto 143.

• **Termogénesis muscular voluntaria:** si tenemos una buena capacidad física, realizaremos movimientos enérgicos y contracciones dinámicas de grandes grupos musculares, sabiendo que el 75% de la energía gastada se transformará en calor. Mientras seamos capaces de seguir con la actividad, la temperatura interna se mantendrá, mientras que, si el agotamiento nos hace parar, correremos el riesgo de sufrir una peligrosa hipotermia.

Además, el organismo pondrá en marcha de forma natural fenómenos fisiológicos de adaptación, como la:

• **Vasoconstricción periférica:** las arterias y capilares más cercanos al frío exterior se estrechan, llega menos sangre a esos tejidos y se en-

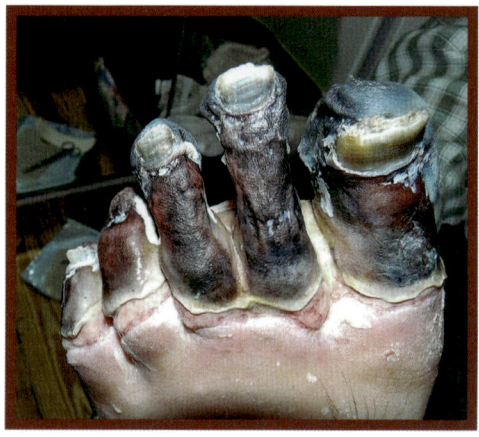

Foto 144: Congelaciones.

frían, reduciendo la diferencia de temperatura respecto al ambiente. Así mejora el aislamiento corporal y perdemos menos calor.

Llevada a un extremo, la vasoconstricción puede favorecer la generación de congelaciones, sacrificando una parte del cuerpo para salvar el resto.

• **Termogénesis hormonal:** se producen más hormonas como las catecolaminas, tiroxina y corticosuprarrenales, que aceleran el metabolismo y elevan la temperatura corporal. Además, en personas jóvenes se activa el uso de la grasa parda para producir calor.

• **Termogénesis muscular involuntaria:** los músculos tienen contracciones involuntarias y mantienen un mayor tono. Por ejemplo, el cuello parece esconderse entre los hombros y la mandíbula castañetea. Eso sube la temperatura interna. Si no es suficiente, pueden aparecer tiritonas.

Para evitar una hipotermia, podemos reforzar esas respuestas automáticas poniéndonos más prendas, sustituyendo la ropa húmeda por otra seca, permaneciendo en lugares protegidos y tomando bebidas calientes, si es posible.

Foto 145: Para estar en reposo es preciso abrigarse más.

Ingerir alimentos ricos en hidratos de carbono prolongará el tiempo en que podemos estar activos y produciendo calor.

Una opción muy práctica es envolvernos con una manta aluminizada de emergencia o meternos en una bolsa de salvamento.

Foto 146.

Foto 147: La rotura de una cremallera malogra el aislamiento que proporcionaba el pantalón.

Estos elementos retrasan las pérdidas térmicas al reflejar parte de la radiación infrarroja que pierde nuestro cuerpo, y reducen el efecto de enfriamiento debido al viento, tal como hemos descrito en el capítulo dedicado a las mantas de emergencia.

Algunos trucos más pueden ayudarnos a sobrevivir al frío.

En ambiente extremo, cada vez que inspiramos introducimos cierto volumen de aire helado hasta el interior de los pulmones, acelerando el enfriamiento corporal interno. Pero si en lugar de tomar el aire del gélido ambiente exterior, respiramos el aire templado del interior de nuestra ropa, por ejemplo, elevando sus cuellos y metiendo la nariz bajo el anorak o el forro, las pérdidas térmicas serán mucho menores.

En pruebas reales hemos comprobado que con una temperatura exterior de 2°C, el aire bajo el anorak estaba entre 21°C y 23,5°C, lo que supone una gran ventaja.

También respirar a través de un "buff" nos ayudará a soportar mejor el frío. En un test hecho con uno de doble capa, el aire que respirábamos estaba 17°C más caliente que el frío del ambiente.

Recordemos también la necesidad de proteger especialmente bien la cabeza, la cara y el cuello, dado que por esas zonas perdemos más calor del que corresponde a su superficie.

Otra opción muy eficaz si debemos quedarnos inmóviles en medio del frío, por enfermedad o accidente, es crear un "punto caliente" tal como describiremos en un capítulo posterior.

Cometer errores en la elección de vestuario puede ser decisivo, así que ¡tengamos mucho cuidado si el frío se hace presente!

https://medlineplus.gov/spanish/ency/patientinstructions/000866.htm

6d.- La montaña en invierno

A lo largo del año, la montaña va cambiando al ritmo de las estaciones, cuya existencia se debe a la inclinación del eje de la tierra respecto al plano de la órbita que describe en torno al sol.

https://www.nationalgeographic.es/video/tv/la-importancia-de-la-inclinacion-de-la-tierra

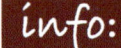 

Cuando llega el invierno, las tierras altas nos muestran facetas más agresivas que en otros momentos del año.

Disminuyen las horas de sol, cuyos rayos, además, inciden más bajos y cercanos al horizonte, lo que disminuye su energía.

Foto 148: El deslumbrante sol bajo.

Eso hace que las temperaturas medias sean inferiores a las de otras estaciones, configurando una meteorología más adversa.

En latitudes medias lo anterior se acompaña de mayores precipitaciones, en forma de lluvia o nieve, y de vientos que nos obligan a escoger de forma especialmente minuciosa el vestuario para las actividades de montaña en esa temporada.

Desde un punto de vista organizativo, nos encontramos además con que es preciso planificar con más cuidado si cabe las excursiones, puesto que dispondremos de menos horas de luz y, cualquier error que alargue su duración, supondrá un serio contratiempo.

La baja altura del sol sobre el horizonte se convierte en una importante molestia cuando nuestro camino se dirige hacia el Este, en la mañana y al Oeste, al atardecer, ya que nos deslumbra y dificulta la visión.

Se hace entonces totalmente aconsejable una visera o ala de sombrero para atenuar la incidencia de la luz en los ojos, así como de gafas que reduzcan su intensidad y filtren las radiaciones UV e IR.

Esa posición del sol hace que sus rayos nos lleguen de forma tangencial, en lugar de hacerlo casi de forma perpendicular, como ocurre en verano. De tal manera, deben atravesar más kilómetros de atmósfera y su energía es parcialmente absorbida, por lo que calientan menos nuestro entorno y nuestro cuerpo.

Debido a ello, tendremos que gastar más energía metabólica para mantener una temperatura corporal adecuada.

Es decir que realizar una misma actividad física nos costará más calorías que en las estaciones más cálidas, siendo mayor el riesgo de agotarnos, al tener que añadir al gasto del ejercicio físico realizado el necesario para luchar contra el frío exterior.

Otra de las particularidades del invierno, en latitudes medias, es la mayor frecuencia de jornadas con viento y su mayor intensidad.

En estas condiciones, nuestro organismo se ve obligado a luchar contra mayores pérdidas térmicas de temperatura por convección, incrementando de nuevo el coste energético de las actividades al aire libre.

Y dado que también el suelo y los objetos que tocamos están más fríos, aumenta el robo térmico por conducción, a través de las manos y los pies en contacto con ellos.

El riesgo de sufrir hipotermia o congelaciones se hace más evidente en esas condiciones.

Otro riesgo, generalmente inherente al invierno, es el de poder sufrir una avalancha, aunque puede extenderse a la primavera en algunos casos.

La combinación de acumulaciones de nieve sin gran cohesión entre capas, sobre suelos con cierta pendiente y poca adherencia, unida a la presencia de viento, facilita la aparición de estos deslizamientos de nieve, incluso sin que sea la actividad humana o de la fauna quien las desencadenen.

Un buen estudio de las zonas por las que pasaremos, la información meteorológica y las previsiones de riesgo de avalancha, que cambian incluso a lo largo de cada jornada, serán fundamentales, al mismo tiempo que contar en nuestro equipaje con los aparatos para detección de víctimas de avalancha, la sonda para localizarlas con precisión y la pala para rescatarlas.

Para que el uso de estos medios sea eficaz, es precisa una buena formación teórica y práctica.

Además, en la mochila deberemos tener prendas de alta capacidad aislante, guantes, gorro y gafas, comida energética y bebida, así como elementos para poder crear un "punto de calor" en el que sobrevivir si algo se tuerce y debemos pasar más horas de lo esperado en la montaña invernal.

Porque en condiciones invernales ésta se vuelve muy exigente con nuestro organismo y son precisos más medios y conocimientos para disfrutar con seguridad y salud de su innegable belleza.

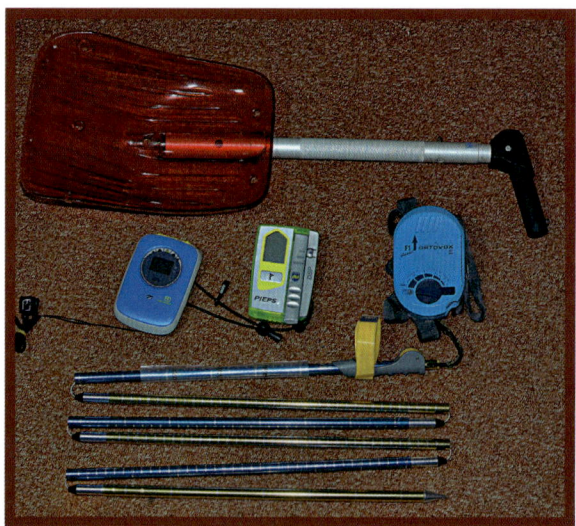

Foto 149: Pala, detectores de víctimas de avalancha y sonda.

6e.- Riesgos del calor

Al margen de la temperatura del ambiente que nos rodea, los seres humanos necesitamos mantener nuestra temperatura interna en torno a los 37ºC de forma constante.

Para ello, el cuerpo intercambia energía térmica con el entorno mediante varios mecanismos: radiación, conducción, convección y evaporación.

info:

https://es.wikipedia.org/wiki/Termorregulaci%C3%B3n

Pero cuando el ambiente es muy caluroso, bastará con que nuestra temperatura interna suba 3 o 4ºC para poner en peligro incluso la vida, y la evaporación del sudor será la mejor forma de reducir el exceso de calor.

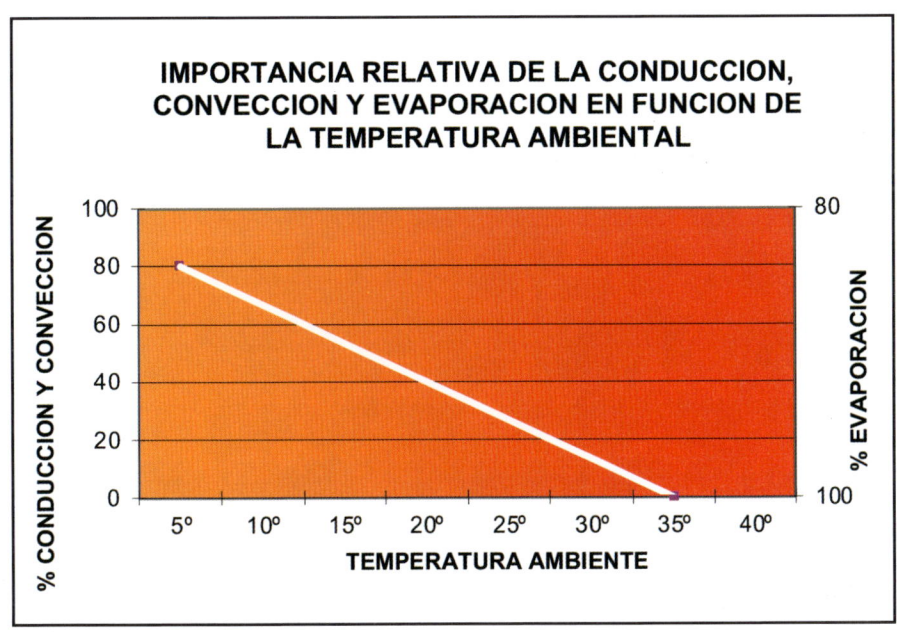

Gráfica 150.

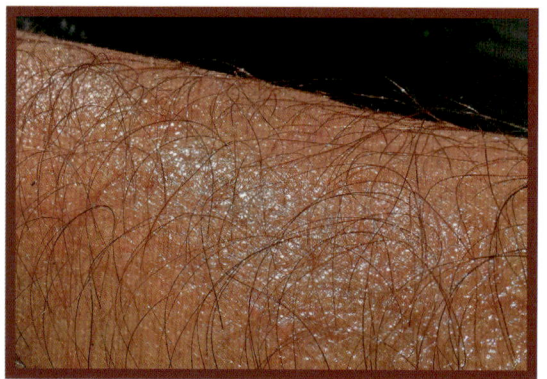

Foto 151.

Como se aprecia, hasta unos 18ºC – 20ºC de temperatura ambiental, el equilibrio térmico se mantiene de forma equilibrada gracias a los intercambios por conducción, convección, radiación y evaporación, pero, a partir de los 35ºC, el 100% de la responsabilidad de evitar un golpe de calor recae en la evaporación.

Cuando el sudor pasa de su estado líquido a gas en contacto con la piel, nos refrigera.

Este mecanismo se activa cuando el hipotálamo percibe que la temperatura interior es más elevada de lo normal, y pone en marcha los más de 2 millones de glándulas sudoríparas que tenemos.

En ciertas condiciones pueden generar hasta más de 3 litros de sudor en una hora, pero la producción va bajando progresivamente hasta niveles de 1,5 a 2 litros/hora.

Por cada litro de sudor evaporado nuestra temperatura baja casi 0,6ºC.

Foto 152.

Eso puede ser suficiente para mantenernos bien en muchos casos, pero cuando hacemos ejercicio físico, el calor corporal aumenta, y lo hace más cuanto más intenso sea el esfuerzo.

Sin embargo, la pérdida excesiva de líquido por sudoración es otro problema de salud, ya que nos deshidrata y eso aumenta el riesgo térmico y empeora el rendimiento.

Hay situaciones en las que el sudor no puede evaporarse sobre la piel y enfriarnos. Eso ocurre cuando la humedad ambiental es muy elevada. Por lo tanto, ese dato debe ser también tenido en cuenta.

De hecho, hacer ejercicio en ciertas combinaciones de temperatura y humedad puede ser en extremo arriesgado. https://www.isglobal.org/heat-index-calculator

TEMPERATURA EQUIVALENTE EN FUNCIÓN DEL % DE HUMEDAD
Porcentaje de humedad

Temp.ºC	40 %	50 %	60 %	70 %	80 %	90 %	100 %
24	23	24	24	25	25	25	26
26	25	26	26	27	28	29	30
28	28	28	29	30	32	33	36
30	30	31	32	34	36	43	60
32	33	34	36	39	50	62	67
34	36	38	41	54	63	69	74
36	39	43	55	64	70	77	83
38	43	51	64	71	78	85	91
40	48	63	71	78	86	93	100

Margen seguro	
Precaución. Fatiga precoz por actividad física	
Precaución extrema. Calambres, agotamiento	
Peligro. Posible golpe de calor	
Peligro extremo	
Mortal	

Cuadro 153.

Visto que la hipertermia o exceso de temperatura corporal es un serio problema de salud, ¿qué podemos hacer para disfrutar de la montaña y reducir los riesgos de sufrir un golpe de calor?

1. Si nuestro objetivo montañero está en zonas calurosas, conviene aclimatarse previamente, acostumbrándonos a andar con calor.

2. Ya sobre el terreno, será conveniente adelantar los horarios de salida para aprovechar el fresco de las mañanas.

3. La ropa ha de ser ligera, de tonos claros, tal como hemos descrito anteriormente, fabricada con tejidos que absorban el sudor y favorezcan su evapo-

ración, y con diseños que permitan regular la circulación del aire. Mojar las prendas también nos refrigera, o vaporizar agua sobre la piel.

4. Utiliza sombreros amplios y ventilados, que protejan la cabeza, cara y cuello de los rayos solares. También la sombra de un paraguas es de agradecer.

Foto 154.

5. Cuando el tiempo de exposición al sol sea prolongado, hay que utilizar un fotoprotector resistente al sudor y al agua. Con él cubriremos la piel expuesta, y con otro adecuado haremos lo mismo con la mucosa de los labios. Su índice de protección dependerá de las características de nuestra piel. Además, debemos proteger la cabeza y los ojos del exceso de radiación.

6. Para reducir el riesgo de enfermar por calor, durante la caminata debemos beber líquidos frescos incluso sin tener sed. De 150 a 250 ml. cada cuarto de hora y a una temperatura de 8° a 13°C puede ser una propuesta válida para muchos casos.

7. Si el recorrido dura más de 2 a 3 horas, cosa habitual practicando senderismo o montañismo, y dependiendo de la temperatura ambiente, grado de humedad y viento, sería preciso añadir hidratos de carbono y sales minerales al agua de bebida que nos preparemos.

8. Si utilizamos bebidas deportivas comerciales en lugar de agua, han de ser hipo o isotónicas, por lo que se aconseja seguir en su preparación las instrucciones del producto o, en caso de duda, diluir los solutos en una cantidad de agua algo mayor que la indicada.

9. Conviene saber que algunas sustancias y medicamentos interfieren en la eliminación del calor corporal, por lo que deben ser evitados si vamos a andar en entorno caluroso. Así ocurre, por ejemplo, con el café o las bebidas alcohólicas.

10. En caso de sentir náuseas, padecer vómitos, calambres, mareos, escalofríos, piloerección (el vello se pone de punta), piel seca y pálida, dolor de cabeza o fatiga importante, debemos parar de inmediato, buscar refugio a la sombra e hidratarnos.

11. Después de cada recorrido es fundamental rehidratarse abundantemente a base de agua, bebidas azucaradas, sopas frías, zumos o leche.

12. Para saber si nuestra hidratación es correcta podemos utilizar un par de referencias:

- que de un día para otro no baje mucho nuestro peso y,
- que la orina vuelva pronto a ser de color claro.

Si baja el peso o la orina es muy amarilla, casi seguro estamos sufriendo cierto grado de deshidratación.

Los riesgos debidos al calor excesivo, como la hipertermia o el golpe de calor, ponen en peligro la vida.

Foto 155.

Foto 156.

6f.- Cómo protegernos del sol

El sol y sus radiaciones son una fuente de vida, pero sus excesos la ponen en peligro. Es una cuestión de dosis.

A más de 150 millones de kilómetros de nosotros, pudiera parecer que acercarnos a ese astro los pocos kilómetros que tienen de altura las montañas no debiera suponer ningún riesgo importante, pero al ascender esa corta distancia relativa reducimos el espesor de la atmósfera y sus efectos protectores.

En tal situación, potentes radiaciones, como las ultravioletas, los rayos gamma y los rayos X, nos afectan y pueden generar quemaduras cutáneas, herpes labiales, lesiones oculares e incluso cáncer de piel.

¿Qué podemos hacer para reducir los riesgos?

1. Adelantar la hora de salida para acortar la exposición al sol durante las horas centrales del día, cuando ocupa las posiciones más altas o verticales.

2. Cubrir la mayor cantidad de piel posible mediante prendas de tejidos que no sean fácilmente atravesados por las radiaciones lesivas, como las ultravioleta.

Según de qué fibras estén fabricadas y cómo estén tejidas, o que se les añada cerámica o dióxido de titanio, las prendas tienen distinto factor de protección UPF (Ultraviolet Protection Factor), siendo importante el bloqueo de los UVB.

3. Usar cremas de protección solar. Su efecto se basa en el uso de elementos físicos, químicos o biológicos para reducir la llegada de radiaciones nocivas a la piel. Si en una base de crema distribuimos minerales como el ya citado oxido de titanio, o el de zinc, los rayos se reflejan en esas partículas, quedando nuestras células "a la sombra".

En el caso de las cremas basadas en protectores químicos lo que se hace es utilizar sustancias que reaccionan con las radiaciones y las absorben o transforman, reduciendo su efecto. A su vez, los elementos biológicos actúan bloqueando la formación de radicales libres debidos a las citadas radiaciones.

Hay productos que combinan varios de estos tipos de filtros, mejorando la cosmética, su eficacia y duración.

Para adaptarse al tejido de los labios, existen los "stics" con sustancias protectoras solares diseñadas para esa zona específica. En algunos casos, se tiñen, para resaltar si al beber o frotarnos hemos perdido parcial o totalmente la capa de defensa.

https://espanol.epa.gov/espanol/pasos-tomar-para-protegerse-del-sol

Foto 157: En estos entornos, a la radiación directa se suma la reflejada por el suelo y laderas nevadas.

4. Proteger los ojos con gafas, las mejores aliadas, aunque también ayudan gorros, viseras y similares. Las gafas pueden ser dañinas si sus componentes ópticos no son de calidad, porque al reducir la luz que llega a estos delicados órganos, la pupila se abre más y entra más cantidad de radiaciones agresivas.

UNE-EN ISO 12312-1			Rangos de valores del coeficiente de transmisión en el VIS (τ_v) % 380 a 780 nm	
Categoría del filtro	Utilización/Símbolo	Designación	de	hasta
0	Reducción muy limitada de la radiación solar	Gafas de sol de tintado claro	100,0	80,0
1	Reducción limitada de la radiación solar		80,0	58,1
			58,1	43,2
2	Buena protección frente a la radiación solar	Gafas de sol de uso común	43,2	29,1
			29,1	17,8
3	Alta protección frente a la radiación solar		17,8	8,0
4	Protección muy alta frente a la radiación solar extrema, en el mar, sobre nieve, en alta montaña o en el desierto. No apto para su empleo en conducción y carretera (1)	Gafas de sol de uso especial, reducción muy alta de la radiación solar	8,0	3,0
(1) Se pueden usar en condiciones de alta luminosidad, como desiertos o zonas nevadas a plena luz de sol.				

Cuadro 158.

Otro detalle es que el diseño de las gafas sea envolvente, para reducir la entrada lateral de radiaciones.

En el cuadro inferior del INSST se indican las categorías de filtro indicadas para cada entorno.

https://www.insst.es/documents/94886/375202/Tr%C3%ADptico+Gafas+de+protecci%C3%B3n+radiaci%C3%B3n+solar.pdf/aff3fb65-1d0d-49bc-a8c7-ca1ec9da5806

Entre las radiaciones provenientes del sol, las infrarrojas son muy evidentes, por el calentamiento que producen.

Sus efectos sobre nuestro cuerpo pueden ser letales cuando las recibimos haciendo ejercicio intenso y conviene saber que, para reducir ese riesgo, el co-

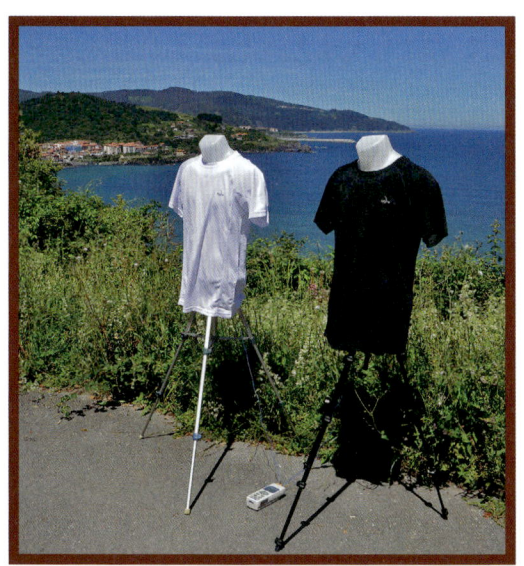

Foto 159

lor de las prendas que utilicemos en la capa exterior del vestuario tiene una gran importancia.

Para demostrarlo, pusimos al sol dos maniquíes vestidos con sendas camisetas de la misma marca y modelo, pero una de ellas blanca y la otra negra. En su interior instalamos sensores térmicos digitales.

El registro de temperaturas internas en ambos casos mostró que, durante dos horas de exposición al sol, el interior de la camiseta blanca estaba 6,6°C más fresco, de promedio, que el de la negra, llegando a los 8,1°C menos cuando más fuerte era la radiación solar.

Por lo tanto, en situaciones veraniegas será preferible utilizar prendas exteriores claras.

69.- Efectos del viento

El movimiento del aire suele ser particularmente violento en las zonas más expuestas de la montaña, como collados y cimas.

El viento tiene un par de importantes efectos sobre el ser humano: el mecánico y el térmico.

Cuando sopla con fuerza y nos pilla en zonas aéreas puede desestabilizarnos y provocar una caída.

Y también puede mover piedras y vegetación de zonas elevadas y hacer que caigan sobre nuestro camino.

Desde el punto de vista térmico, el viento potencia el robo de calor de las zonas de piel que tengamos expuestas a su efecto.

Es el mismo mecanismo de convección que empleamos para acelerar el enfriamiento de una sopa o un café demasiado calientes: soplar.

Foto 160: Viento intenso en el Col d'Aubisque.

Las pérdidas de calor por viento se muestran en tablas denominadas "wind chill" o temperatura de sensación en las que, con una temperatura y velocidad de viento dadas, se calcula la temperatura equivalente de enfriamiento que sufriremos en cualquier zona de nuestra piel que esté expuesta.

Por ejemplo, si vemos dónde se cruzan la fila horizontal de los 0ºC de temperatura con la columna del viento a 40 Km/h comprobaremos que la piel experimentará un frío equivalente a 7ºC bajo cero.

TEMPERATURA (ºC)	VELOCIDAD VIENTO (km/h)																				
	0	5	10	15	20	25	30	35	40	45	50	55	60	65	70	75	80	85	90	95	100
20	20	21	21	20	20	20	20	19	19	19	19	19	19	19	19	19	19	19	18	18	18
18	18	19	18	18	17	17	17	17	17	17	16	16	16	16	16	16	16	16	16	16	15
16	16	17	16	15	15	15	14	14	14	14	14	14	13	13	13	13	13	13	13	13	13
14	14	14	13	13	12	12	12	12	11	11	11	11	11	10	10	10	10	10	9,9	9,8	9,7
12	12	12	11	10	9,9	9,5	9,2	8,9	8,6	8,4	8,2	8	7,8	7,7	7,5	7,4	7,2	7,1	7	6,9	6,8
10	10	9,8	8,6	7,9	7,4	6,9	6,6	6,3	6	5,7	5,5	5,3	5,1	4,9	4,7	4,6	4,4	4,3	4,1	4	3,9
8	8	7,5	6,2	5,4	4,9	4,4	4	3,6	3,3	3	2,8	2,5	2,3	2,1	1,9	1,7	1,6	1,4	1,3	1,1	1
6	6	5,2	3,9	3	2,3	1,8	1,4	1	0,6	0,3	0	-0	-0	-1	-1	-1	-1	-1	-2	-2	-2
4	4	2,9	1,5	0,5	-0	-1	-1	-2	-2	-2	-3	-3	-3	-3	-4	-4	-4	-4	-4	-5	-5
2	2	0,7	-1	-2	-3	-3	-4	-4	-5	-5	-5	-6	-6	-6	-7	-7	-7	-7	-7	-8	-8
0	0	-2	-3	-4	-5	-6	-6	-7	-7	-8	-8	-8	-9	-9	-9	-10	-10	-10	-10	-10	-11
-2	-2	-4	-6	-7	-8	-8	-9	-10	-10	-10	-11	-11	-12	-12	-12	-12	-13	-13	-13	-13	-14
-4	-4	-6	-8	-9	-10	-11	-12	-12	-13	-13	-14	-14	-14	-15	-15	-15	-15	-16	-16	-16	-16
-6	-6	-8	-10	-12	-13	-14	-14	-15	-15	-16	-16	-17	-17	-17	-18	-18	-18	-19	-19	-19	-19
-8	-8	-11	-13	-14	-15	-16	-17	-18	-18	-19	-19	-19	-20	-20	-21	-21	-21	-21	-22	-22	-22
-10	-10	-13	-15	-17	-18	-19	-20	-20	-21	-21	-22	-22	-23	-23	-23	-24	-24	-24	-25	-25	-25
-12	-12	-15	-18	-19	-20	-21	-22	-23	-23	-24	-24	-25	-25	-26	-26	-27	-27	-27	-27	-28	-28
-14	-14	-17	-20	-22	-23	-24	-25	-25	-26	-27	-27	-28	-28	-29	-29	-29	-30	-30	-30	-31	-31
-16	-16	-20	-22	-24	-25	-26	-27	-28	-29	-29	-30	-30	-31	-31	-32	-32	-33	-33	-33	-34	-34
-18	-18	-22	-25	-27	-28	-29	-30	-31	-31	-32	-33	-33	-34	-34	-35	-35	-35	-36	-36	-36	-37
-20	-20	-24	-27	-29	-30	-32	-33	-33	-34	-35	-35	-36	-36	-37	-37	-38	-38	-39	-39	-39	-40
-22	-22	-27	-30	-32	-33	-34	-35	-36	-37	-37	-38	-39	-39	-40	-40	-41	-41	-41	-42	-42	-43
-24	-24	-29	-32	-34	-36	-37	-38	-39	-39	-40	-41	-41	-42	-43	-43	-43	-44	-44	-45	-45	-45
-26	-26	-31	-34	-36	-38	-39	-40	-41	-42	-43	-44	-44	-45	-45	-46	-46	-47	-47	-48	-48	-48
-28	-28	-33	-37	-39	-41	-42	-43	-44	-45	-46	-46	-47	-48	-48	-49	-49	-50	-50	-50	-51	-51
-30	-30	-36	-39	-41	-43	-44	-46	-47	-48	-48	-49	-50	-50	-51	-51	-52	-52	-53	-53	-54	-54

Cuadro 161: Sensación térmica en función del viento y la temperatura.

Foto 162.

Como se aprecia, existe riesgo de congelación en zonas expuestas al viento incluso antes de que el termómetro llegue a temperaturas extremas.

Esto pone de manifiesto la importancia de las prendas con cortavientos. Aunque sean finas, al anular el efecto de enfriamiento del aire nos ayudarán a mantener un mejor estado de confort, reduciendo las pérdidas de calor y el riesgo de sufrir lesiones locales, como congelaciones, si el viento arrecia.

Sin embargo, no todos los efectos del viento son negativos. Si la temperatura del aire es inferior a la de la superficie corporal, la presencia de viento alivia el exceso de temperatura debido a un ejercicio físico intenso.

Este fenómeno atmosférico es, además, muy importante para las personas alérgicas al polvo y al polen, por ser vector de su difusión en el aire.

Caminar con viento de frente o lateral por campos con gramíneas o pinares afectados por la procesionaria incrementa el riesgo de sufrir reacciones alérgicas. Especialmente si lo hacemos en la parte posterior de un grupo.

En tal situación es conveniente que las personas sensibles se muevan en la cabeza del mismo para reducir o evitar los síntomas.

Foto 163: Penacho formado por el hielo y la nieve que arranca el viento de la cima del K2.

6h.- Problemas de la altitud

Los seres humanos vivimos inmersos en la atmósfera que envuelve a la Tierra.

Una capa cuyas propiedades influyen de forma intensa en cada una de nuestras células y en nuestra vida.

Esa cobertura del planeta no es uniforme, sino que varias de sus cualidades cambian a medida que nos alejamos del nivel del mar, y una de las más importantes es la presión atmosférica, que es el peso del aire que tenemos sobre nosotros en cada altitud.

Cuanto más cerca del nivel del mar estamos, mayor columna de aire tenemos encima y mayor es su peso o presión, aunque hay variaciones debidas a los vientos, temperaturas y otros aspectos.

Según la altitud a la que estamos se suele hablar de "Baja

Foto 164: Ogoño. Baja montaña.

Foto 165: Midi d'Ossau. Alta montaña.

montaña" cuando no supera los 1000 metros, de "Media montaña" hasta los 2500, de "Alta montaña", hasta los 5.500 metros, y de "Muy alta montaña", cuando se supera esa cifra.

Esta división es artificial, pero nos sirve de referencia.

Foto 166: Karakoram. Muy Alta montaña.

Si a nivel del mar, un día normal, tenemos una presión de 760 mm Hg o 1.013 milibares, a unos 5.500 metros de altitud se reduce a la mitad: 379 mm Hg o 505 milibares.

El problema para el organismo es que a la vez que ocurre eso, también se reduce la presión del oxígeno del aire que respiramos, ¡y es vital!, porque afectará a nuestro rendimiento y a la salud.

En el primer aspecto, cuanto más arriba estamos, más nos cuesta hacer el mismo trabajo, llegando a ser extenuantes cosas que a nivel del mar podemos hacer fácilmente.

En cuanto a la salud, la disminución del oxígeno que respiramos puede producir varios tipos de problemas, y los más frecuentes se agrupan bajo el nombre de Mal Agudo de Montaña, afectando en ese caso, principalmente, al cerebro y a los pulmones.

El Mal Agudo de Montaña puede ser mortal, incluso en plazos breves de tiempo.

De hecho, antiguamente a las altitudes más elevadas del planeta se les llamaba "zona de la muerte".

Para reducir el riesgo de sufrir alguno de esos problemas de salud es preciso saber que no padecemos ninguna enfermedad que pueda agravarse con la altitud y respetar las pautas recomendadas para ascensos a elevadas cotas.

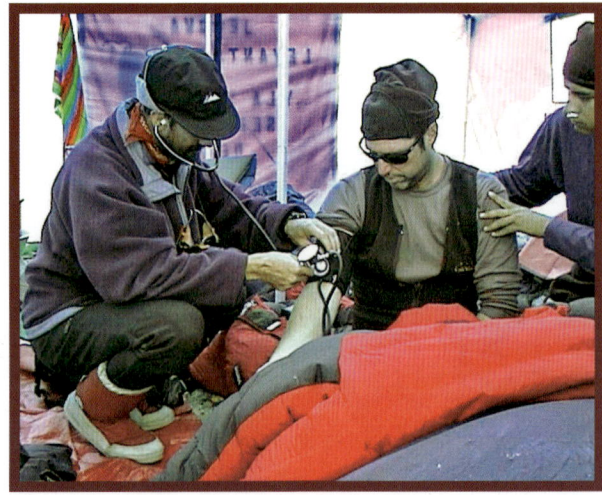

Foto 167: Paciente con Mal Agudo de Montaña, a 5.300 msnm.

https://www.theuiaa.org/mountain-medicine/medical-advice/

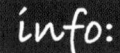

https://www.liebertpub.com/doi/10.1089/ham.2017.0164

https://ismm.org/about/selectedpublications/

https://es.wikipedia.org/wiki/Efectos_de_la_altitud_en_los_humanos

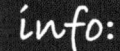

Podemos controlar si una persona se está adaptando o no a la altitud realizando mediciones regulares de la saturación de oxígeno en la sangre con un pulsioxímetro, o a controlando la aparición de ciertos síntomas, como el dolor de cabeza, alteraciones del apetito y digestivas, fatiga o debilidad, vértigos o mareos y alteraciones del sueño.

Escala de Lake Louise para mal de montaña agudo	
Síntomas	**Puntos**
1. Cefalea	1 Leve 2 Moderada 3 Severa
2. Síntomas gastrointestinales	1 Poco apetito o náuseas 2 Náuseas moderadas o vómitos 3 Náuseas o vómitos severos o incapacitantes
3. Fatiga y/o debilidad	1 Leve 2 Moderada 3 Severa o incapacitante
4. Vértigo/mareos	1 Leves 2 Moderados 3 Severos o incapacitantes
5. Alteraciones del sueño	1 No duerme como habitualmente lo hace 2 Se despierta muchas veces 3 No puede dormir

Cuadro 168.

Este segundo método de valoración de la adaptación a la altitud se conoce como Escala de Lake Louis para el Mal Agudo de Montaña.

Cada uno de esos aspectos se puntúa 0 cuando no aparece, y hasta 3 en función de su severidad.

Cuando la suma de puntos está entre 4 y 6, estamos ante un Mal Agudo de Montaña moderado, y más de 7 puntos califican la enfermedad como severa.

Sin entrar en más detalles, dado que es un tema complejo para un texto de iniciación, diremos que bajar es el mejor tratamiento, y utilizar oxígeno y cámaras hiperbáricas portátiles puede ayudarnos cuando le meteorología nos impide bajar.

Si tus pasos te llevan hacia las altas cimas, consulta antes con personas que tengan formación en patología de la extrema altitud.

Foto 169: Bolsa hiperbárica para tratamiento "in situ" del Mal Agudo de montaña.

Foto 170.

61.- Cómo comportarse ante los rayos

Cuando la atmósfera se agita, el rozamiento entre las partículas que la forman genera una gran energía.

La tensión entre nubes y entre estas y el suelo, o la superficie del mar, se eleva hasta alcanzar millones de voltios y miles de amperios de intensidad, que se descargan en forma de letales rayos y atronadores sonidos.

info:

https://www.divulgameteo.es/uploads/Acciden-tes-monta%C3%B1a-tormentas.pdf

Los impactos por rayo constituyen algo menos del 1% de los accidentes graves en montaña, pero en torno a la mitad de ellos son fatales.

Cuando la atmósfera se carga, podemos notar olor a ozono, zumbidos o que el pelo se nos eriza. El peligro es inminente.

Además de alcanzarnos directamente (3%-5% de los casos), los rayos nos

Foto 171: Zona de arista, peligrosa en caso de tormenta.

afectan con mayor frecuencia mediante las llamadas "corrientes de tierra" (40%-50%).

Cuando descargan su tremenda energía en el suelo, la tensión se transmite por él en forma de ondas concéntricas y se va amortiguando.

Si tenemos los pies separados, el más cercano al impacto recibirá más tensión que el otro, y la electricidad pasará de uno a otro a través de nuestro cuerpo, afectándonos.

Por eso conviene tenerlos juntos y no tumbarnos en el suelo, de forma que no exista distancia entre nuestras zonas de apoyo.

172: La separación de las patas del ganado agrava el efecto de las "corrientes de tierra".

Ese mecanismo explica que tantos animales mueran en tormentas, al tener distinto potencial sus patas apoyadas en el suelo.

Ante una persona afectada por el rayo no debemos tener miedo de acercarnos, puesto que no queda eléctricamente cargada.

En los casos leves, la podemos encontrar aturdida, pero consciente, quizás con ceguera o sordera temporales y con hormigueos y quemaduras superficiales e incluso con lesiones diversas por golpes a causa del violento desplazamiento.

Foto 173.

En los casos moderados, lo anterior se agrava y se añade la posibilidad de inconsciencia, un pulso cardiaco débil o temporalmente perdido, pero que se recupera de forma espontánea en dos o tres minutos aproximadamente.

Por fin, en los casos más graves, la parada cardiaca y respiratoria son prácticamente inmediatas, al afectarse órganos vitales, y el pronóstico es fatal.

Si nos encontramos ante una persona que ha sufrido los efectos de una descarga, lo fundamental será examinar si respira y su corazón late, así como llamar a los servicios de emergencia.

Si no hay signos de latido y/o respiración, es vital realizar las conocidas maniobras de resucitación cardiopulmonar para que el aire entre en sus pulmones y su sangre oxigenada circule.

En el caso de que las funciones vitales se mantengan, veremos si hay otras lesiones, sin olvidar el riesgo de que algunas estén ocultas, como posibles fracturas, hemorragias y otras alteraciones de órganos internos.

Incluso si la afectación hubiera sido leve, tendremos mucho cuidado durante el traslado a un centro sanitario, ya que el equilibrio y el control corporal pueden estar alterados y será mayor el riesgo de caídas.

¿Qué debemos hacer para reducir el riesgo de sufrir el impacto de un rayo?

En primer lugar, informarnos de las previsiones meteorológicas.

Si nos encontramos al aire libre y cerca de una tormenta los consejos son:

1. Separarnos, si vamos en grupo, para evitar un impacto colectivo y que quien no sea afectado pueda ayudar.

2. Alejarse de las cimas, aristas y lugares prominentes. Especialmente si hay elementos metálicos.

3. No estar en contacto directo con paredes rocosas y corrientes de agua, alejándose de ellas al menos un par de metros.

4. Evitar las entradas de las cuevas, aunque sus zonas profundas son seguras.

5. Evitar la proximidad de árboles aislados y de ganado.

6. Alejar los objetos metálicos y cubrir sus puntas con material aislante.

7. Apagar los teléfonos móviles y "talkys".

8. Aislarse del suelo pisando sobre prendas secas, la mochila, cuerda o esterilla.

9. Ponerse en cuclillas, como sentado sobre los talones y con los pies juntos.

10. No acostarse, porque aumenta el efecto de la corriente de tierra.

Y lo más importante: ser prudentes, pensar antes de actuar y, si fuera posible, disfrutar protegidos de ese grandioso espectáculo que nos brinda la naturaleza más salvaje.

6j.- Algunos riesgos biológicos: avispas, abejas, mosquitos, tábanos, garrapatas...

L as actividades en la naturaleza pueden hacernos víctimas de la lucha cotidiana que en ella se vive.

Picaduras de avispas o abejas, ataques de garrapatas y mosquitos, así como fenómenos alérgicos desencadenados por las procesionarias son algunos de los riesgos biológicos que nos acechan en la montaña.

Las avispas poseen un aguijón cónico, liso y muy afilado con el que pueden propinar varios picotazos sucesivos a su presa.

Foto 174: Aguijón de una avispa "Vespa velutina".

Conectado a una glándula abdominal, en cada ocasión es capaz de inocular cierta cantidad del veneno que utiliza para inmovilizar a sus víctimas o para defenderse.

En cambio, las abejas, cuya arma defensiva está dotada de un arponcillo, solo pican una vez, sufriendo el arrancamiento de parte de su abdomen cuando intentan escapar, por lo que mueren.

Estas dos especies solo nos pican si se sienten amenazadas, por lo que debemos evitar asustarlas o agredirlas.

Foto 175: Detalle de la cabeza de un tábano.

Cuando lo hacen, introducen en nuestro cuerpo venenos que causan dolor y reacciones inflamatorias locales, aunque en ciertas personas pueden llegar a producir reacciones alérgicas de diversa magnitud.

Especialmente tras picaduras múltiples, como las de enjambres, puede sufrirse graves reacciones anafilácticas que precisarán tratamiento de urgencia con adrenalina, corticoides y antihistamínicos.

En el caso de los mosquitos y los tábanos, la picadura no es para defenderse de nuestra presencia, sino para obtener la sangre que precisan las hembras para su reproducción mediante huevos.

Los efectos de sus picaduras se deben a la saliva que introducen, con anticoagulantes, para fluidificar la sangre que nos chupan, y pueden producir vesículas o pústulas, e incluso alergia en personas sensibles.

Pero el mayor peligro es que son los principales transmisores de graves enfermedades, como la malaria, el dengue y varias más, que afectan a más de 250 millones de personas al año.

En cuanto a las garrapatas, aprovechan nuestro contacto con hierbas o arbustos para pasar de ellas a nuestro cuerpo, buscando con preferencia las zonas húmedas, calientes y de piel fina, como el hueco tras las rodillas, las axilas, ingles, cabeza o cuello.

Tras cortar la piel, la perforan y con un aparato chupador, introducen sustancias anestésicas, saliva y, ocasionalmente, al ser molestadas o apretadas, también pueden regurgitar y contagiarnos enfermedades graves como la de Lime, la Fiebre de las Montañas Rocosas, la tularemia o la fiebre hemorrágica Crimea-Congo.

Las orugas, y especialmente algunas como la Procesionaria del pino, están dotadas de numerosos pelos (más de 500.000) que contienen una toxina llamada thaumatopina, muy urticante. Es decir, que produce reacciones alérgicas, incluso muy graves.

Si los tocamos, o nos sentamos en un lugar por el que ha pasado la hilera, nuestra piel sufrirá una reacción en las zonas de contacto, con picor, enrojecimiento e inflamación.

Foto 176: Garrapata con su cabeza insertada en la piel.

Más grave puede ser el problema si andamos por zonas afectadas y sopla el viento, puesto que los pelos pueden caer de los nidos que forman y producirnos severas reacciones alérgicas respiratorias u oculares.

Frente a los problemas biológicos descritos la prevención es la mejor respuesta, por lo que en zonas de riesgo:

• Llevaremos mangas y perneras largas, así como calzado cerrado.

• Vestiremos preferiblemente prendas de colores claros, para distinguir mejor las garrapatas y porque el negro y el amarillo parecen ser especialmente atractivos para estos insectos.

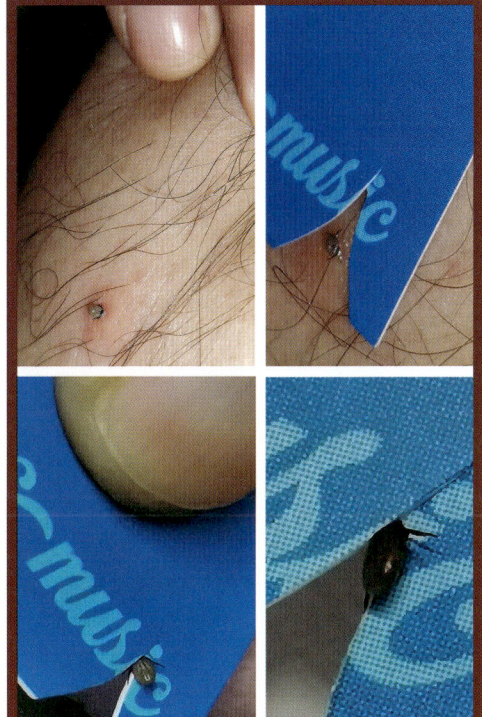

Foto 177: Extracción de una garrapata.

• Evitaremos ropa floreada o de colores llamativos.

• Ajustaremos los cierres inferiores de las perneras del pantalón.

• Cerraremos la parte inferior de las perneras poniendo los calcetines por fuera.

• No utilizaremos perfumes.

• Aplicaremos repelentes en la ropa (permetrina al 0,5 %) y en la piel (DEET).

• En criaturas entre 6 meses y 6 años de edad, usaremos Picaridin©.

• Procuraremos evita el contacto con la vegetación o sentarnos en ella.

• En zonas afectadas por la Procesionaria, nos cubriremos las vías respiratorias y ojos mediante pañuelos y gafas.

• Tras la excursión, revisaremos la piel en busca de garrapatas, siendo conveniente la ayuda de otra persona para examinar zonas fuera de la vista directa.

Foto 178.

7) Alimentación e hidratacion

a. Alimentarnos para andar
b. Hidratación en montaña
c. Deshidratación por frío y altitud

Foto 179

7a.- Alimentos para andar

Los seres vivos necesitamos energía para vivir, y más aún para movernos.

Para conseguirla, sometemos ciertos alimentos a complejas reacciones químicas.

Durante una caminata a un ritmo asequible de 4 Km/h por un sendero con una pendiente del 10%, una persona adulta de 70 Kg gasta unas 405 calorías cada hora.

Foto 180: Un alto en el camino para reponer la energía gastada.

El organismo las obtiene descomponiendo lo que alimentos en sustancias energéticas como el APT, la fosfocreatina y el glucógeno, y utilizando además los amplios depósitos de energía que tenemos almacenados en forma de grasas.

El uso de unas u otras fuentes de energía depende de la intensidad del esfuerzo y de las reservas que tenemos.

Con intensidades bajas o medias, el organismo da prioridad a las grasas para obtener las calorías que precisa, y ciertamente, de sus depósitos corporales podemos obtener energía para andar varios días.

Pero a medida que el esfuerzo se va haciendo más intenso, es el "azúcar" presente en la sangre el que vamos gastando más, repo-

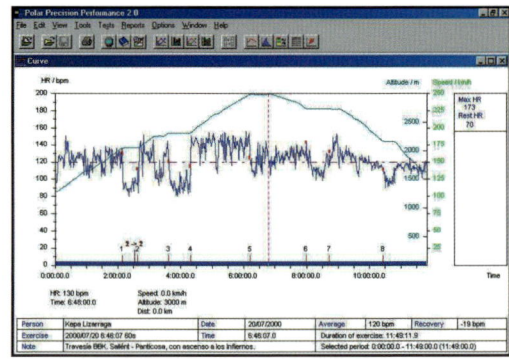

181: Frecuencia cardiaca (esfuerzo físico) en distintas fases de un recorrido.

niéndolo a partir de los depósitos de glucógeno que tenemos en músculos e hígado, y estos son de mucho menor tamaño que los de grasas.

Para completar bien las actividades de montaña, especialmente las competitivas, es preciso mantener las reservas iniciales de energía en las mejores condiciones.

Lo podemos conseguir poniendo cuidado en la cena y desayuno previos al ejercicio, pero también reponiendo en lo posible lo que vamos gastando durante la actividad.

Dado que el senderismo es la modalidad más practicada, propondremos algún ejemplo dirigido a ella, considerando que es un esfuerzo de baja o media intensidad, pero de larga duración.

Foto 182: Diversas frutas deshidratadas.

Los alimentos preferidos para consumir durante el recorrido serán los energéticos y fáciles de digerir, tales como las frutas secas, dátiles, plátano maduro, bocaditos de jamón de York, con cremas, membrillo, galletas, turrón, barritas energéticas ricas en hidratos de carbono, geles, disoluciones de fructosa o miel en agua, o similares comercializados.

Tomando esas sustancias de forma regular en el tiempo se ha demostrado que los niveles de azúcar en sangre se mantienen mejor, y será más difícil sufrir una hipoglucemia o "pájara".

De hecho, se recomienda llevar siempre alguna de esas cosas en la mochila, como alimento de emergencia por si un recorrido se alarga más de lo esperado. Preferentemente, productos de larga conservación y bien embalados, como barritas, frutas secas, galletas o geles.

En el caso de largas travesías de varios días o expediciones deberemos cambiar ese planteamiento, puesto que será deseable que la dieta de cada día sea más equilibrada en cuanto a su contenido en hidratos de carbono, grasas y proteínas, además de fibra, vitaminas y minerales.

info:

https://www.desnivel.com/alpinismo/claves-de-la-alimentacion-para-los-deportes-de-montana/

7b.- Hidratación en montaña

Para sobrevivir, beber es más importante que comer.

De hecho, podemos mantenernos hasta cerca de 3 semanas sin comer, pero apenas 3 días sin beber.

Más del 60% de nuestro cuerpo es agua y, si no nos mantenemos bien hidratados, varias funciones vitales se alteran, como el mantenimiento de la temperatura interna o la obtención de energía mediante el metabolismo.

Las pérdidas de agua más importantes se deben a la sudoración, la depuración mediante producción de orina y la deshidratación respiratoria.

Foto 183: En montaña nos deshidratan el ejercicio intenso, la sudoración, el ambiente seco y las pérdidas respiratorias.

Cuando hacemos ejercicio físico, como andar, una gran cantidad de las calorías gastadas se transforman en calor. Del orden del 70% o más.

Además, si el ambiente es caluroso, el cuerpo comienza a sudar, y cuando ese líquido se evapora sobre la piel, nos refresca.

No poder sudar, por deshidratación, aumenta el riesgo de sufrir un grave problema de salud: la hipertermia o golpe de calor.

Otra forma de perder líquidos ocurre si nos movemos en cotas elevadas, y también frías. En esa situación, el aire que respiramos será muy seco, y nos robará humedad del interior de los pulmones cada vez que respiremos.

Foto 184.

Esto hace que quienes practican alpinismo, incluso si sudan poco, deban beber una elevada cantidad de líquidos. Del orden de un mililitro por cada caloría que ingieren.

Haciendo una ascensión en alta montaña es natural perder más de tres litros de líquido por día, e incluso en actividades por baja y media montaña, como las marchas, si nos pesamos al inicio y final de las mismas, es frecuente apreciar pérdidas entre 1,5 y 2 kg o más, lo que puede suponer más de un 2% del peso corporal.

En tales situaciones, la deshidratación producirá fatiga prematura y mermará en gran medida el rendimiento físico, tal como vemos en el siguiente cuadro:

PORCENTAJE DE PESO CORPORAL PERDIDO POR DESHIDRATACIÓN	CONSECUENCIAS PARA EL RENDIMIENTO
2% del peso corporal	20% de disminución del rendimiento
4% del peso corp. a 18º C de temperatura	40% de disminución del rendimiento
4% del peso corp. a 41º C de temperatura	60% de disminución del rendimiento
10% del peso corporal	Riesgo vital

Cuadro 185.

Además, cuando nos deshidratamos, la sangre pierde parte de sus líquidos y se va haciendo más espesa.

Eso afecta a su velocidad de circulación por los vasos capilares y, en caso de hacer mucho frío, aumenta el riesgo de sufrir congelaciones, así como su gravedad.

Para mantener un correcto estado de hidratación es fundamental reponer regularmente el agua, pero también las sales que se pierden con el sudor y la orina.

Para ello podemos recurrir a preparados comerciales o a líquidos de rehidratación preparados en casa.

Cuando vayamos a confeccionar uno de estos últimos no hay que olvidar que a partir de una hora de ejercicio aproximadamente, y dependiendo de su intensidad, lo más importante es compensar las pérdidas de agua; después, las de glucosa y, por último, los minerales.

Un ejemplo de preparación adecuada es una solución de 20-40 gramos de azúcar o miel (menos con calor y más cuando hace frío), 250-500 miligramos de cloruro sodio y 250-500 de miligramos de bicarbonato sódico, todo ello en 1 litro de agua.

Para hacerla más agradable podemos añadir saborizantes, como algo de zumo de naranja, limón u otros de nuestro gusto.

En cuanto a la cantidad, si hace calor se debe beber de 150 a 250 ml. de agua fresca (entre 8° y 13° C) cada 10 a 15 minutos, sumando en el día 1 ml por cada caloría ingerida, lo que nos da una cifra aproximada cercana a los 3 litros al día, incluida el agua contenida en los alimentos.

Así se logran las condiciones adecuadas para estimular al estómago a vaciarse y se suministra al organismo el volumen de líquido que es capaz de absorber en el intestino.

En ambientes fríos, podemos utilizar líquidos templados o ligeramente calientes, como un té ligero, con algo menos sales, pero más hidratos de carbono, sin superar un 8%, aproximadamente, para que el preparado sea bien tolerado.

Dado que la sed, que es nuestro mecanismo de alarma frente a la deshidratación, aparece cuando ya hemos perdido líquidos y desaparece, aunque bebamos menos de lo que hemos perdido, se recomienda

Foto 186.

"beber antes de tener sed, y seguir bebiendo incluso cuando ya no la sintamos".

Una forma sencilla de saber si nuestra hidratación es correcta consiste en controlar las pérdidas de peso, midiéndolo antes y después de las marchas.

Y otra opción es fijarnos en el color más o menos oscuro de la orina que, si la hidratación es correcta, enseguida se irá aclarando.

https://openaccess.uoc.edu/bitstream/10609/134506/7/jgarciapascuTFM-0721memoria.pdf

7c.- Deshidratación por frío y altitud

Foto 187: Congelación del vapor de agua perdido por vía respiratoria.

L os seres vivos necesitamos energía para vivir, y más aún para movernos.

Cuando hace calor y sudamos nos resulta evidente la necesidad de beber para recuperar las pérdidas de líquido.

Pero también el frío nos deshidrata. ¡Y la altitud!

A medida que ascendemos una montaña, el aire de la atmósfera que nos rodea se va haciendo más seco.

A unos 2.500 metros de altitud contiene apenas la mitad de vapor de agua que a nivel del mar, y a unos 4.000 la cifra es de tan solo una cuarta parte.

Cuando estamos en cotas altas, ese aire seco entra en los pulmones, en los que la humedad es mayor, se carga de ella y, cuando lo expulsamos, se marcha robándonos todo el vapor de agua que puede.

Por eso, cuando además hace frío, brota de nuestra boca y nariz una nube blanquecina de vaho cada vez que espiramos, y parte de esa humedad puede congelarse en la cara.

En reposo, respiramos apenas unos pocos litros de aire cada minuto, pero cuando estamos ascendiendo a ritmo ligero una pendiente fuerte y cargando una pesada mochila, el esfuerzo intenso nos hará respirar incluso cerca de 150 litros por minuto.

En tales situaciones, la cantidad de agua que perderemos con el aire en forma de vapor es muy importante.

Notaremos que las vías respiratorias y la mucosa de los labios están anormalmente secas, y será fundamental que nos hidratemos a conciencia.

Foto 188: Vapor de agua exhalado.

En cuanto a la temperatura, cuanto más frío es el aire, menos vapor de agua puede contener.

Por eso la ropa tarda mucho en secarse cuando hace frío, aunque el día sea soleado.

Para que apreciemos lo que ocurre cuando el aire se enfría, diremos que en 1 kg de aire a 20ºC de temperatura hay unos 150 gr de vapor de agua, pero si ese kilo de aire se enfría a -20ºC, apenas podrá contener unos 8 gr de agua.

Además, sabemos que por cada 150 metros de ascenso la temperatura baja un grado, aproximadamente, de tal forma que, si ascendiéramos desde la costa hasta el techo del mundo, las temperaturas calculadas pudieran ser:

ALTITUD	TEMPERATURA
0 m.	20ºC
1.000 m.	13,3ºC
2.000 m.	6,6ºC
3.000 m.	0ºC
4.000 m.	-6,6ºC
5.000 m-	-13,3ºC
6.000 m.	-20ºC
7.000 m.	-26,6ºC
8.000 m.	-33,3ºC
8.848 m.	-39ºC

Cuadro 189.

Luego al subir al monte, la altitud y las bajas temperaturas se alían para deshidratarnos, llevándose el agua del interior por vía respiratoria y haciendo imprescindible que, para una misma actividad, necesitemos beber mucho más que a nivel del mar.

Foto 190: Compartiendo bebida en el glaciar del Baltoro con el porteador baltí Essa Khan.

Foto 191

8) Supervivencia y comportamiento

a. Supervivencia básica
b. Residuos humanos y basuras en la montaña
c. Cómo comportarse en la montaña
d. Aprender a renunciar

8a.- Supervivencia básica

Tener preparación para actuar ante situaciones inesperadas, saber improvisar, resulta de gran importancia en la montaña.

Cuando algo así ocurre es fácil caer en pánico, y eso agrava la situación.

Por el contrario, es el momento de "tener ganas de vivir", de pensar, de actuar conforme a protocolos que podemos aprender y de permanecer en actividad, pero con la cabeza fría.

https://esupervivencia.com/

info:

Debemos seguir los siguientes pasos:

- Mantener la calma
- Observar
- Pensar
- Planear

Si contamos con tiempo suficiente antes de que llegue la noche o la meteorología empeore, observaremos el entorno, intentaremos orientarnos y trazaremos un plan.

El humo de viviendas, el sonido de una carretera, antenas en las cumbres y otros elementos pueden servirnos de referencia para saber dónde nos encontramos.

Foto 192: Pequeño refugio natural entre rocas y hojarasca.

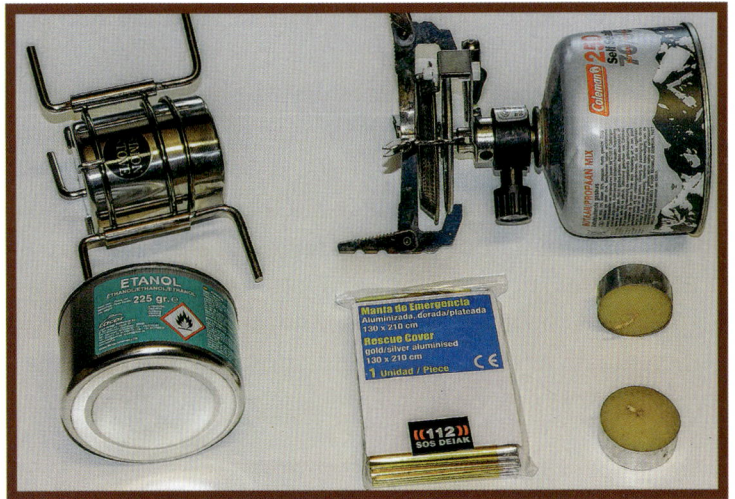

Foto 193: Elementos para preparar un "punto caliente".

Si las condiciones no nos permiten orientarnos, conseguir un refugio es una prioridad si nos tenemos que quedar en la montaña más tiempo del previsto.

El refugio nos protegerá del frío, del viento o de la lluvia, y reducirá el riesgo de sufrir una hipotermia, quizás fatal.

Cuevas, huecos bajo rocas, oquedades en el suelo y cubiertas hechas con elementos naturales o con una manta térmica de supervivencia pueden hacer más tolerable la estancia obligada.

Si además somos capaces de encender un fuego, habremos conseguido una gran mejora.

En el interior del refugio prepararemos una zona bien acolchada mediante hojarasca, hierba seca, nuestra mochila, una manta térmica o cualquier tejido que nos aísle del suelo, para poder descansar.

Algunas situaciones de emergencia pueden obligarnos a que nuestro refugio sea tan solo un "punto caliente". Un pequeño agujero o cobijo, preferiblemente forrado o formado con mantas aluminizadas, que podemos calentar con unas velas o un hornillo y en el que podremos aguantar hasta que la ayuda llegue.

Durante las actividades de preparación que emprendamos es importante evitar sudar, ya que la ropa húmeda pierde buena parte de su capacidad aislante.

Otro paso es señalizar nuestra presencia, por si alguien nos busca.

Telas de color llamativo, señales en el suelo con ramas o piedras, luces intermitentes durante la noche, una hoguera en un lugar apropiado o silbidos regulares son opciones para indicar dónde estamos.

Es conveniente hacer recuento de la cantidad de bebida y comida con la que contamos.

Podemos aguantar unos tres días sin beber y bastante más sin comer, pero si es posible que la estancia se alargue, procuraremos localizar algún suministro en el entorno.

También conviene chequear qué otras cosas tenemos en la mochila y en nuestra proximidad para hacer frente a la situación y mejorarla.

Es prudente no hacer esfuerzos en vano. Mejor guardar energías para cuando podamos movernos. Por ejemplo, al llegar el día o mejorar la visibilidad.

Serenidad, análisis y conocimientos mejoran nuestras opciones para superar situaciones en que la supervivencia está comprometida.

Foto 194: Vivac junto al Glaciar del Khumbu, a 5.500 metros.

8b.- Residuos humanos y basuras en la montaña

Por desgracia, la falta de concienciación y la ignorancia hacen que nuestras actividades en montaña dejan huellas indeseables en ella.

Basuras y restos fisiológicos contaminan entornos preciosos y acaban por convertirlos en vertederos.

La forma de evitarlo es concienciarnos y conseguir un cambio de hábitos para movernos por la naturaleza de forma respetuosa y sostenible.

Comenzando por los residuos que generamos, como envoltorios y recipientes de comida y bebida o elementos de nuestro equipamiento que se estropean, deben ser devueltos a zonas en las que podamos depositarlos en los contenedores adecuados para su procesamiento.

También aquellos residuos considerados "biodegradables" y los orgánicos, puesto que su proceso de descomposición puede ser muy largo en función de la temperatura y humedad, y durante todo ese tiempo ensucian el paisaje e incitan a que más personas depositen su basura en el lugar.

Foto 195: Tonelada de residuos retirados del CB del Everest por la Expedición Bizkaia Medio Ambiente 97.

Esa contaminación visual es abundante en zonas "turistizadas", en las que personas sin la debida sensibilidad y educación no dudan en dejar sus porquerías, como si alguien debiera bajarlas por ellas.

En 1997, la Expedición Bizkaia Medio Ambiente Everest 97 retiró del entorno del Campo Base y hasta el Campo 4 del Everest más de una tonelada de residuos de expediciones, y la iniciativa ha tenido nuevas ediciones, como la "Everest Recycling Challenge" promovida en 2017 por la UIAA.

Botellas de oxígeno, latas, papeles, cartones, ropa, trozos de tiendas de campaña, material de escalada, sanitario, residuos de investigación, e incluso restos humanos fueron recogidos por los integrantes de aquella expedición entre los penitentes del glaciar de Khumbu, clasificados y evacuados a lugares apropiados.

Otro tipo de residuos son los generados por el funcionamiento natural de nuestro organismo: la orina, las heces y los restos menstruales.

https://freeman.la/como-ir-al-bano-en-la-montana-una-problematica-comunitaria-urgente/

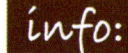 

El nitrógeno que forma parte de la orina altera las propiedades del suelo cuando muchas personas miccionan en la misma zona, y eso afecta especialmente a la vegetación.

Por eso se recomienda no hacerlo junto a árboles o arbustos.

También hay que evitar orinar cerca de cauces de agua que podamos contaminar y escoger, en cambio, zonas de piedras y soleadas, para que la orina se evapore pronto, así como rebajarla con agua para reducir la concentración de sus sales.

Si el lugar en que estamos es particularmente delicado, podemos orinar en recipientes adecuados, tales como los utilizados en los campos de altura de expediciones.

Foto 196: A la izquierda, la tienda-baño elevada y bidón para residuos fisiológicos humanos en el Campo Base del K2.

En cuanto a las deposiciones, en terrenos cálidos la recomendación habitual es cavar un agujero de unos 20 – 30 cm de profundidad, apartado de zonas de paso o acampada, discreto y alejado de cauces de agua unos 80 – 100 metros, que volveremos a tapar una vez utilizado. Si el lugar es soleado, mejor.

En zonas de alta montaña, la baja temperatura del terreno impedirá la degradación natural de las heces, y sus bacterias podrán perdurar en el tiempo y contaminar acuíferos, por lo que ese método deberá ser sustituido por realizar las deposiciones en recipientes herméticos que serán llevados a "la civilización" para su adecuado tratamiento.

En algunos parques naturales, como el Denali del monte McKinley, es obligatorio utilizar envases comercializados específicos, y en expediciones, en el Campo Base suele disponerse un bidón bajo una pequeña tienda abierta por debajo para evitar contaminar todo el entorno glaciar.

En todos los casos, el papel higiénico debe ser recogido y metido en bolsas para llevarlo de vuelta a casa. Estos papeles son los que más contaminan visualmente nuestro entorno, y no solo tardan en descomponerse, sino que contienen colorantes y sustancias artificiales.

Respecto a los elementos utilizados para la higiene menstrual, el más respetuoso con la naturaleza es el uso de copas reutilizables.

En caso de utilizar compresas, tampones o toallas desechables, deben ser recogidas para su retorno en bolsas adecuadas, como el papel higiénico. Algunas de ellas contienen incluso polvos absorbentes y biodegradables.

Otro aspecto a considerar es el de las sustancias a utilizar en la higiene corporal.

Podemos asearnos utilizando exclusivamente agua, sin más, pero si no es el plan, de nuevo procuraremos alejarnos de cursos de agua dulce y utilizar la mínima cantidad posible de jabón biodegradable.

Entre los contaminantes que podemos encontrar en la montaña, los restos de comida, envoltorios, plásticos, papeles, botellas de PET, latas y papel de aluminio son algunos de los más frecuentes y debemos saber que pueden tardar muchísimo en desaparecer:

Foto 197: Higiene durante una expedición.

- De 2 a 10 días: piel del plátano
- De 1 a 4 meses: pañuelo de algodón
- 6 meses: cáscara de naranja
- De 2 a 12 meses: papel
- De 1 a 2 años: filtro de cigarro
- De 2 a 3 años: trozo de madera
- 5 años: chicle
- 10 años: latas de aluminio
- 30 años: envases de tetra-brick
- 100 a 600 años: bolsas de plástico
- 100 a 1000 años: botellas de plástico. Plásticos de composición similar
- 1000 años: pilas
- 4000 años: botellas de vidrio

https://www.recytrans.com/blog/cuanto-tardan-en-degradarse-los-residuos/

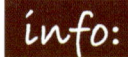 

Una buena forma de contaminar menos es llevar materiales reutilizables o reciclables y de larga vida de uso.

Por ejemplo, sustituir recipientes plásticos de un solo uso por otros perdurables o las clásicas fiambreras, los cubiertos desechables por otros metálicos de larga vida útil, las bolsas de plástico que no precisen ser impermeables por otras de tela, y evitar vasos y botellas de PET, cuya fabricación precisa mucho petróleo y agua, por cantimploras de otras sustancias más respetuosas con el medio ambiente.

Como consejo final, baja contigo todo lo que lleves y, de lo que encuentres, todo lo que puedas.

Foto 198: Cartones y otros residuos acumulados en el glaciar del Khumbu, en 1997.

8c.- Cómo comportarse en la montaña

Las relaciones entre personas, y las de estas con la naturaleza, se basa en códigos.

Códigos éticos, de tráfico, deportivos, …

En el montañismo también existen.

Durante siglos ha bastado con trasladar a este deporte las normas de comportamiento generales, dando lugar a un Código de conducta en la montaña que no siempre ha estado escrito, pero que ha venido siendo aceptado por quienes amamos esta actividad.

Si hubiera que resumir al máximo ese Código, diría que se trata de tener RESPETO.

Foto 199: Cordialidad y respeto con la población local.

Respeto hacia nosotros y nosotras mismas, hacia las personas que nos encontramos en el camino y hacia la naturaleza que nos rodea.

Describamos algunos consejos de comportamiento:

1. Conoce los límites de tu cuerpo y respétalos.

No actuar así nos pone en peligro, y también a quienes acudan a ayudarnos, sean o no profesionales, porque no debieran tener que arriesgarse por faltas de cordura nuestras.

2. Sé fiel a la verdad.

No mientas sobre por dónde has subido, en cuanto tiempo o sobre los riesgos del camino. Esto va dirigido especialmente a quienes hacen de la montaña su lugar de competición.

3. Saluda y ayuda.

Las normas de cortesía, como el saludo, unas palabras de ánimo o el ofrecimiento de información sobre detalles del camino, son habituales entre quienes compartimos esta afición, y en cualquier momento debemos estar dispuestos a prestar ayuda, sin mirar a quien. La amabilidad es una virtud.

4. Espíritu de equipo.

Ten en consideración a todas las personas del grupo, favorece la tolerancia y armoniza los intereses individuales. Especialmente en situaciones de riesgo, no se deja sola o solo a nadie.

La persona más débil es la que debe determinar el ritmo de marcha y los descansos.

5. Respeta la naturaleza que te rodea.

No alteres ni espantes a los animales. Ese comportamiento puede

Foto 200: Miguel Ángel Roldán, afectado por la ELA, caminando hacia la falda del Everest en 2022.

provocarles graves males, como despeñamientos o abortos.

No arranques plantas o flores. Algunas especies están protegidas y, sin saberlo, puedes poner en riesgo su ya difícil supervivencia.

Procura no salirte de los caminos balizados para no estropear la vegetación que estabiliza la tierra de las fuertes pendientes.

Foto 201: Fauna salvaje y ganado.

6. Aprende y sensibilízate.

Saber más sobre la montaña te ayudará a respetarla mejor, y en ese proceso, los Clubes y las Federaciones te pueden ayudar.

Si quieres saber más sobre cómo debe ser el comportamiento en este deporte, puedes acceder a la Declaración de Ética en la Montaña, de la Unión Internacional de Asociaciones de Alpinismo (UIAA):

https://www.desnivel.com/expediciones/
declaracion-de-etica-en-la-montana-
por-la-uiaa

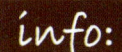 

8d.- Aprender a renunciar

Foto 202: La Cascada de Hielo del Everest y el Nuptse (7.861 m.)

En la montaña es muy importante aprender a renunciar.

Tras meses de ilusión, días de preparación y horas de esfuerzo, si las cosas se tuercen mucho hay que saber decir que no y dejar tus sueños para otra ocasión.

Darse la vuelta puede ser la decisión más dura…y la más sabia en algunos casos.

Hay veces en las que, a pesar de tener un pronóstico meteorológico favorable, acertar con la planificación de horarios, con el vestuario y material adecuados, de llevar consigo la alimentación y bebida precisas, además de todo el resto de elementos teóricamente necesarios, algo fundamental sale mal.

Lo más fácil es hacer caso al corazón, obviar el problema, minusvalorarlo y seguir adelante.

Pero antes de tomar cualquier decisión, debemos analizarla de forma fría y objetiva, haciendo que la seguridad sea prioritaria.

Por no hacerlo así, la montaña se cobra cada año un excesivo precio en forma de incidentes, accidentes y vidas.

En cambio, si actuamos con serenidad y buen juicio, nos seguirá esperando, y su cima será mucho más grata.

Foto 203: Cada paso importa.